Pommerin | Die Kubakrise 1962

Kriege der Moderne

Herausgegeben vom Zentrum für Militärgeschichte und Sozialwissenschaften der Bundeswehr

Reiner Pommerin

Die Kubakrise 1962

Reclam

Zentrum für Militärgeschichte und Sozialwissenschaften der Bundeswehr, Fachbereich Publikationen (0918-01)

2022 Philipp Reclam jun. Verlag GmbH,
Siemensstraße 32, 71254 Ditzingen
Umschlaggestaltung: Philipp Reclam jun. Verlag GmbH
Umschlagabbildung: Von Kuba abgezogene Nuklearraketen werden zurück in die UdSSR gebracht, November 1962. – picture alliance / Everett Collection | Courtesy Everett Collection
Druck und Bindung: Firmengruppe APPL, aprinta druck GmbH,
Senefelderstraße 3–11, 86650 Wemding
Printed in Germany 2022
RECLAM ist eine eingetragene Marke der
Philipp Reclam jun. GmbH & Co. KG, Stuttgart
ISBN 978-3-15-011399-8

Auch als E-Book erhältlich

www.reclam.de

Inhalt

↗ **Das strategische Aufklärungs- bzw. Spionageflugzeug Lockheed U-2 »Dragon Lady«**

1 Abschuss

Major Rudolf Anderson Jr. bereitet sich am Morgen des 27. Oktober 1962 auf einen Einsatz vor. Der eigentliche Standort seines Geschwaders, der 4080th Strategic Reconnaissance Wing, ist die unweit der US-amerikanisch-mexikanischen Grenze liegende Laughlin Air Force Base. Das Geschwader, das dem *Strategic Air Command* (SAC) untersteht, hat den Auftrag, mit seinen Maschinen vom Typ U-2 strategische Aufklärungsflüge über Kuba durchzuführen. Deshalb startet Anderson an diesem Tag von der näher an der Insel liegenden McCoy Air Force Base in Florida. Der 35-Jährige gilt mit über 3000 Jetstunden als einer der erfahrensten Flugzeugführer des Geschwaders.

Geboren wurde Anderson in Spartanburg; aufgewachsen ist er nicht weit davon in Greenville, einer als Standort der Textilindustrie bekannten Stadt im Bundesstaat South Carolina. Schon in seiner Jugend ist er eine Ausnahmeerscheinung; denn er wird *Eagle Scout*. Diesen höchsten Pfadfinderrang haben seit 1911 lediglich 4 Prozent der amerikanischen *Boy Scouts* erreicht. Nach Abschluss der High School studiert er an der staatlichen Clemson University Textilingenieurwesen. 1948 schließt er mit dem Bachelor ab. Zunächst nimmt er eine Arbeit in der Textilindustrie auf, doch hält es ihn dort nicht lange. An der Universität hat er par-

U-2-Pilot Major Rudolf Anderson Jr. (1927–1962)

allel zum Studium das Programm des *Reserve Officer Training Corps* (ROTC) durchlaufen. Das ermöglicht ihm, im November 1951 als Offizier in die US Air Force einzutreten.

Nachdem er seine fliegerische Ausbildung absolviert hat, wird Anderson Flugzeugführer in einem Aufklärungsgeschwader. Dieses wird am Ende des Koreakrieges 1953 nach Japan verlegt. In streng geheimen Missionen fotografiert er mit den Kameras seines Aufklärers vom Typ RF-36F bei kurzen Überflügen Gebiete in Korea, China und der Sowjetunion. Jeder dieser Flüge muss vom amerikanischen Präsidenten Dwight D. Eisenhower persönlich genehmigt werden. Für diese Einsätze wird Anderson zweimal mit dem hohen Orden *Distinguished Flying Cross* ausgezeichnet. Nach seiner Rückkehr in die USA bleibt er bei der US Air Force und qualifiziert sich im September 1957 für die U-2. Dieses Flugzeug und die damit durchgeführten geheimen Aufklärungsflüge bestimmen sein weiteres Leben.

Die U-2, genannt »Dragon Lady«, ist ein unbewaffnetes Aufklärungsflugzeug mit einer speziellen Druckkabine für Einsätze in sehr großer Höhe. Dort, in der Stratosphäre, benötigt der Pilot einen maßgeschneiderten Druckanzug sowie einen entsprechenden Helm. Vor jedem Flug erfolgt zunächst eine ausführliche fliegerärztliche Untersuchung. Ist die medizinische Flugerlaubnis erteilt, wird eine besonders proteinhaltige Mahlzeit eingenommen. Danach erfolgt das Anlegen des Druckanzuges und des Helms. In dieser Ausrüstung muss der Pilot vor dem Start noch für etwa zwei Stunden reinen Sauerstoff einatmen, um den Stickstoffgehalt in seinem Blut zu reduzieren.

Seit 1956 unternehmen U-2 im Auftrag der *Central Intelligence Agency* (CIA) Aufklärungsflüge über den Territorien der Warschauer-Pakt-Staaten. Ihre hochauflösenden Panoramakameras erstellen bei wolkenlosem Himmel gestochen scharfe, gut auswertbare Fotos. Ihre Einsatzhöhe von über 20 000 Metern macht die Maschine für die sowjetische Luftabwehr unerreichbar, und so verlaufen die Einsätze zunächst ungestört. Dies ändert sich jedoch am 1. Mai 1960, als eine U-2 südlich von Swerdlowsk (Jekaterinburg) abgeschossen wird. Der Sowjetunion ist es inzwischen gelungen, mit der S-75 »Dwina« (NATO-Bezeichnung: SA-2 »Guideline«) ein effektives Luftabwehrsystem zu entwickeln. Es besteht aus einem Frühwarnradar, einem Feuerleitradar und Luftabwehrraketen, die über eine Reichweite bis in große Höhe verfügen.

Am 15. Oktober 1962 wertet das National Photographic Intelligence Center (NPIC) in Washington Fotomaterial aus, das am Vortag eine U-2 bei einem Überflug über die Westküste Kubas erstellt hat. Die Bilder, die am folgenden Tag Präsident John F. Kennedy vorgelegt werden, lösen bei der politischen und militärischen Führung der USA einen Schock aus. Sie belegen nicht nur, dass auf Kuba bereits abschussbereite S-75-»Dwina«-Flugabwehrraketen stehen. Zudem hat man offensichtlich östlich von Havanna Startrampen für sowjetische *Medium Range Ballistic Missiles* (MRBM) aufgebaut. Von diesen Raketen ist trotz ihrer nuklearen Sprengköpfe bisher für die USA keine ernstliche Bedrohung ausgegangen, denn wegen ihrer begrenzten Reichweite können sie vom Territorium der Sowjetunion die USA nicht erreichen. Ihre Stationierung in Kuba würde die strategische Situation jedoch völlig verändern. Bei einem Einsatz von der in unmittelbarer Nachbarschaft liegenden karibischen Insel wären sie in der Lage, alle großen amerikanischen Städte zu treffen. Außerdem könnten sie die Flugplätze der amerikanischen Nuklearbomber des Strategischen Bomberkommandos (SAC) und damit ein wesentliches Element der amerikanischen Nuklearstrategie zerstören.

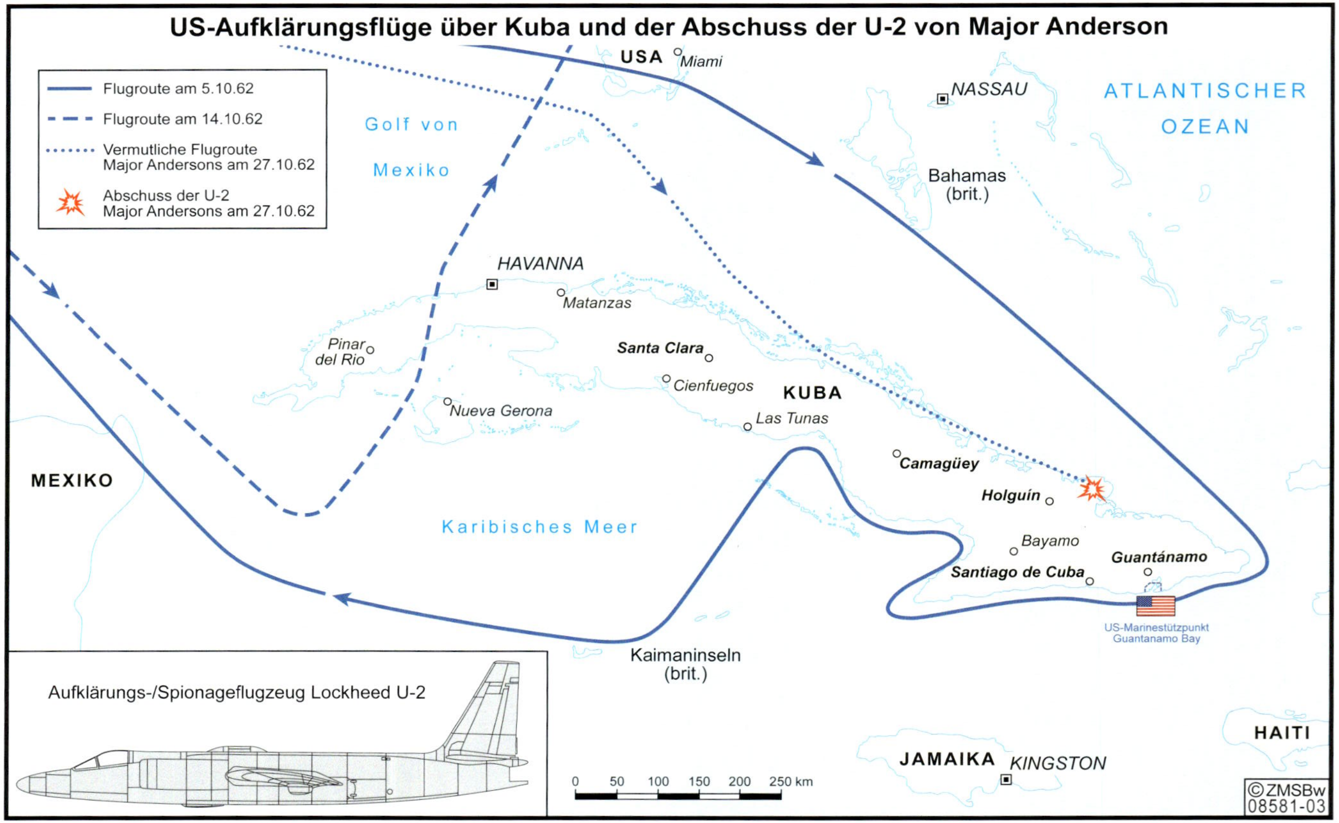
US-Aufklärungsflüge über Kuba und der Abschuss der U-2 von Major Anderson
Flugroute am 5.10.62
Flugroute am 14.10.62
Vermutliche Flugroute Major Andersons am 27.10.62
Abschuss der U-2 Major Andersons am 27.10.62
USA
Miami
NASSAU
ATLANTISCHER OZEAN
Bahamas (brit.)
Golf von Mexiko
HAVANNA
Matanzas
Pinar del Rio
Santa Clara
Cienfuegos
KUBA
Las Tunas
Nueva Gerona
MEXIKO
Camagüey
Holguín
Bayamo
Guantánamo
Santiago de Cuba
US-Marinestützpunkt Guantanamo Bay
Karibisches Meer
Kaimaninseln (brit.)
Aufklärungs-/Spionageflugzeug Lockheed U-2
0 50 100 150 200 250 km
JAMAIKA
KINGSTON
HAITI
©ZMSBw 08581-03

Geheimdienstliche Quellen vermuten nun, dass inzwischen auch kleinere taktische Nuklearraketen des Systems 9K52 Luna-M (NATO-Bezeichnung: »Frog-7«) auf der Insel sein könnten. Solche auf Trägerfahrzeugen transportier- und aufrichtbare Raketen ließen sich zum einen für die Zerstörung des im südöstlichen Teil Kubas gelegenen Stützpunktes der US Navy, Guantánamo Bay, nutzen. Zum anderen wären sie höchst wirkungsvoll gegen eventuelle amerikanische Landungstruppen einsetzbar.

Von einem erneuten Überflug einer U-2 erhofft sich die amerikanische Führung einen fotografischen Beleg für das Vorhandensein dieser taktischen Nuklearraketen. Major Anderson weiß von dem einsatzbereiten sowjetischen Luftabwehrsystem, das selbst seinem in großer Höhe durchgeführten Auftrag gefährlich werden kann. Der Flug über die Insel führt ihn am 27. Oktober an die Nordküste Kubas. Dort werden in der Region um die Bahia de Banes Stellungen sowjetischer MRBM vermutet. Als er dieses Gebiet überfliegt, wird er vom Radar eines S-75-»Dwina«-Systems erfasst. Eine der abgefeuerten Raketen trifft seine Maschine. Splitter durchdringen Cockpit und Druckanzug. Es ist anzunehmen, dass Anderson durch den Sauerstoffverlust sofort das Bewusstsein verliert. Die U-2 stürzt ab. Die Leiche des Piloten wird nach kubanischen Aussagen noch angegurtet im Cockpit des Flugzeugwracks gefunden.

Bereits am folgenden Tag schreibt Präsident Kennedy einen Kondolenzbrief an Andersons Witwe. Darin spricht er ihr den Dank der gesamten Nation aus. Handschriftlich setzt er noch hinzu: »Die Mission Ihres Mannes war von großer Bedeutung, aber ich weiß, wie tief Sie seinen Verlust empfinden.« Seit dem Abbruch der diplomatischen Beziehungen durch die USA im Januar 1961 werden amerikanische Anliegen bei der kubanischen Regierung durch die neutrale Schweiz vorgebracht. Deshalb wird Andersons Leichnam dem Schweizer Botschafter in Havanna am 4. November auf dem Flugplatz der kubanischen Hauptstadt übergeben. Die sterblichen Überreste werden von dort von einem amerikanischen Transportflugzeug, dessen Hoheitszeichen zuvor mit einem Schweizer Kreuz übermalt werden mussten, in die USA überführt.

Anderson wird am 6. November 1962 in seiner Heimatstadt Greenville im Beisein seiner schwangeren Frau Frances Jane Corbett sowie seiner beiden Söhne James (3) und Rudolf (5) beigesetzt. Posthum verleiht Kennedy dem Piloten im Dezember 1962 als erstem Amerikaner für »herausragendes Heldentum« das *Air Force Cross*. Die Verleihungsurkunde hebt hervor, dass Anderson in mehreren unbewaffneten Aufklärungsflügen den Nachweis der Stationierung sowjetischer Nuklearraketen auf Kuba erbrachte. Damit habe er die amerikanische Führung wesentlich dabei unterstützt, einen erfolgreichen militärischen und diplomatischen Kurs gegen diese Bedrohung zu entwickeln. Anderson blieb der einzige im Einsatz gefallene Soldat der Kubakrise, die erst im allerletzten Moment friedlich beendet werden konnte.

Andernfalls hätten wohl Millionen von Menschen bei einem nuklearen Schlagabtausch zwischen den beiden Supermächten USA und Sowjetunion im Oktober 1962 ihr Leben verloren. Die Folgen eines Nuklearkrieges für das Ökosystem und das globale Klima lassen sich nicht abschätzen. Die Vorgeschichte, der Verlauf und die Lösung dieser dramatischen Krise, welche die Menschheit an den Rand des Untergangs brachte, sollen in diesem Buch erzählt und analysiert werden.

↗ Explosion der amerikanischen Atombombe »Crossroads Baker« 27 Meter unter Wasser auf dem Bikini-Atoll im Pazifik am 25. Juli 1946

2 Nuklearstrategie und Politik

Nuklearstrategie im Kalten Krieg

Mit den Abwürfen der Atombomben über Hiroshima und Nagasaki im August 1945 änderte sich das Verständnis von Kriegen fundamental. Eine scheinbar nicht enden wollende Eskalation des Konflikts wie in den beiden Weltkriegen war fortan nicht mehr möglich. Denn nachdem auch die Sowjetunion 1949 ihre erste Atombombe erfolgreich gezündet hatte und Großbritannien 1952 gefolgt war, hätte ein Masseneinsatz dieser neuen Waffe zu Verwüstungen gigantischen Ausmaßes, ja sogar zur Vernichtung der Menschheit führen können.

Nuklearwaffen waren also zentral für das Verständnis eines möglichen Krieges zwischen den beiden Supermächten USA und Sowjetunion und bestimmten die Strategie der USA sowie der NATO. Ziel dieser Strategie war die Verhinderung eines Krieges durch Abschreckung. Ihren Kern bildete die Androhung einer *massive retaliation*, also eines massiven nuklearen Vergeltungsschlages, für den Fall eines sowjetischen Angriffs. Indem für die Sowjetunion als potenziellen Angreifer ein unkalkulierbares Risiko entstand, sollte die Friedfertigkeit der östlichen Supermacht erzwungen werden. Die operativen Vorstellungen von der gemeinsamen Verteidigung des transatlantischen Bündnisgebiets lieferte die sogenannte Schwert-Schild-Strategie.

Als »Schwert« der USA und auch der NATO dienten die amerikanischen Nuklearwaffen. Durch ihr bloßes Vorhandensein sollte die Sowjetunion von einem Krieg abgeschreckt werden. Im Fall eines dennoch erfolgenden sowjetischen konventionellen Angriffs wären die USA dank ihres technischen Vorsprungs auf dem Gebiet der nuklearen Waffen in der Lage, schnelle und wirksame Gegenschläge zur Vergeltung durchzuführen. Zudem könnten ihre mit nuklearen Bomben beladenen Langstreckenbomber auch das sowjetische Angriffspotenzial vernichten. Die letzte Entscheidung über den Einsatz der atomaren Waffen lag beim Präsidenten der USA.

Der Schild des westlichen Bündnisses sollte im Kriegsfall vor allem den Einsatz des nuklearen Schwertes ermöglichen. Ein solcher Schild wurde auf dem europäischen Kontinent vom Nordkap bis zum Kaukasus mit Schwerpunkt in Mitteleuropa errichtet. Den größten Teil des Schildes bildeten die konventionellen Waffen, über welche die westeuropäischen Armeen, ihre Luftstreitkräfte und ihre Seestreitkräfte verfügten. Neben den westeuropäischen Truppen blieben amerikanische Verbände als eine Art Stolperdraht in Westeuropa. ›Stolperten‹ angreifende sowjetische Truppen über diesen Draht, würde dies automatisch den Einsatz der Nuklearwaffen der USA auslösen.

Die Sowjetunion hatte im August 1949 eine erste Atombombe gezündet. Die für den Transport solcher Bomben verfügbaren Flugzeuge bedrohten zunächst allenfalls Westeuropa, denn das Territorium der USA konnten sie nicht erreichen. Erst die ab Mitte der 1950er Jahre eingeführten Langstreckenbomber vom Typ Tupolew TU 95/TU-20 (NATO-Bezeichnung: »Bear«) und Mjassischtschew M4 (NATO-Bezeichnung: »Bison«) konnten bis ins US-Gebiet fliegen. Ihre Rückkehr nach erfolgtem Einsatz blieb allerdings ausgeschlossen, da der Treibstoff dafür nicht ausreichen würde. Die USA hingegen verfügten mit der Boeing B-52 Stratofortress über einen Langstreckenbomber mit großer Reichweite, die sich sogar durch eine Luftbetankung vergrößern ließ. Zudem konnten die B-52 das bis an die Grenzen der Sowjetunion ausgedehnte dichte Netz von Flugplätzen der amerikanischen Bündnispartner in Europa und Asien nutzen.

Aus ihren nuklearen Fähigkeiten hatten die USA während des Korea-

Der Langstreckenbomber vom Typ Tupolew Tu 95 bildete das Rückgrat der sowjetischen Bomberflotte. Er vermochte US-Gebiet zu erreichen und galt als Pendant zur amerikanischen Boeing B-52-Stratofortress.

krieges jedoch auf dem Gefechtsfeld keinen Nutzen ziehen können, denn der lokale Einsatz der damals vorhandenen Bomben mit großer Sprengwirkung hätte auch ihre eigenen Truppen im Kampfgebiet vernichtet. Erst die Entwicklung und die Stationierung von taktischen Atomsprengköpfen mit reduzierter Sprengkraft ermöglichte einen solchen Einsatz selbst auf einem möglichen Gefechtsfeld in Europa. Der in Bezug auf konventionelle Waffen deutlich überlegenen Sowjetunion sollten taktische amerikanische Nuklearwaffen erschweren, den Schild zu durchbrechen. Als Trägerwaffen standen Raketen der Typen »Corporal«, »Honest John«, »Matador« und (für die Luftverteidigung) »Nike«

Die ungelenkte nuklearwaffenfähige Kurzstreckenrakete MGR-1 »Honest John« konnte auf dem Gefechtsfeld gegen Ziele in bis zu 25 Kilometer Entfernung eingesetzt werden.

zur Verfügung. Raketen hatten den Vorzug erhalten, da Geschütze als nicht besonders effizient galten und leicht zerstört oder vom Feind in Besitz genommen werden konnten. Raketen hatten – neben der größeren Reichweite – zudem den Vorteil, dass sowohl nukleare als auch nicht-nukleare Sprengköpfe verschossen werden konnten. Die Lagerung und die eventuell notwendig werdende Ausgabe der nuklearen Sprengköpfe übernahmen spezielle amerikanische Bewachungseinheiten, sogenannte *custody units*.

Die Bereitschaft der Vereinigten Staaten zum Einsatz nuklearer Waffen unterstrich das im September 1956 von den Oberbefehlshabern der amerikanischen Teilstreitkräfte, den *Joint Chiefs of Staff* (JCS), erstellte strategische Konzept für einen allgemeinen Krieg. Darin hieß es unmissverständlich: »Unabhängig von der Art des Kriegsausbruchs werden die nuklearen Waffen von Anfang an eingesetzt.« Im April 1957 nahm der NATO-Rat diese strategischen Richtlinien sowie die Maßnahmen zu ihrer Umsetzung an. Nukleare Waffen sollten demnach bei einem sowjetischen Angriff immer dann zum Einsatz kommen, wenn dieser die Dimension eines militärischen Einfalls, einer Unterwanderung oder einer lokalen feindlichen Aktion überschritt. Als beste Vorsorge gegen einen nuklearen Angriff der Sowjetunion galt die Fähigkeit zu sofortiger ›massiver Vergeltung‹. Diese *massive retaliation* bedeutete letztlich den vernichtenden nuklearen Gegenschlag.

Stabsrahmenübungen und Manöver machten die Luft- und Landstreitkräfte in Westeuropa mit den Notwendigkeiten der nuklearen Kriegführung vertraut. Die Einführung von kleineren Nuklearwaffen mit verringerter Wirkung schien tatsächlich die Nutzung dieser taktischen Nuklearwaffen auch auf dem Gefechtsfeld zu ermöglichen. Allerdings weckten diese Waffen auch das Misstrauen der Öffentlichkeit und verstärkten noch die bereits bestehende Angst vor einem Atomkrieg. In Großbritannien entstand die *Campaign for Nuclear Disarmament* (CND), die 1958 einen ersten »Ostermarsch« durchführte. In der Bundesrepublik folgte die Gründung der Bewegung »Kampf dem Atomtod«. Natürlich nahm kein NATO-Mitgliedstaat gern das Risiko eines Nuklearkrieges auf seinem Territorium in Kauf, man fühlte sich dem mächtigen Bündnispartner USA jedoch verpflichtet.

Im August 1957 meldete die staatliche sowjetische Nachrichtenagentur TASS den ersten Start einer sowjetischen *Intercontinental Ballistic Missile* (ICBM). Dabei handelte es sich um eine Rakete vom Typ R-7 (NATO-Bezeichnung: »SS-6 Sapwood«) mit einer Reichweite von 8000 Kilometern. Am 4. Oktober 1957 empfingen Funkamateure in aller Welt das Signal von »Sputnik 1«. Der Sowjetunion war es gelungen, den ersten künstlichen Satelliten mit einer solchen Rakete in den Weltraum zu schießen. In der amerikanischen Öffentlichkeit löste »Sputnik 1« einen Schock aus. Der Ost-West-Konflikt zwischen den beiden Machtblöcken hatte zu einem Rüstungswettlauf geführt, bei dem die Amerikaner stets angenommen hatten, vornzuliegen. Die bisher scheinbar unerschütterliche Vormachtstellung ihres Landes im Kalten Krieg schien verloren. Jetzt verfügte auch die Sowjetunion über weittragende Raketen, deren nukleare Sprengköpfe zumindest theoretisch jeden Ort in den USA erreichen konnten. Das Entsetzen verstärkte sich noch, als nur vier Wochen später ein weiterer sowjetischer Satellit, »Sputnik 2«, die Erde umkreiste. Zu allem Überfluss misslang am 6. Dezember 1957 der Versuch der USA, einen eigenen Satelliten zu starten. Vor den Augen der amerikanischen Fernsehzuschauer explodierte die Rakete vom Typ Vanguard TV-3 bereits auf der Startrampe auf Cape Canaveral. Der technische Vorsprung der USA schien dahin, die Grundlage der Strategie der »massiven Vergeltung« nicht mehr gegeben.

Spezialisten der RAND-Corporation, eines 1948 gegründeten privaten Think-Tanks zur Beratung der amerikanischen Regierung, erarbeiteten Ende 1957 eine Studie zu Fragen der Abschreckung und des Überlebens im Nuklearzeitalter. Aus ihrer Sicht konnte der größer gewordenen Verwundbarkeit der USA angesichts sowjetischer ICBM nur mit einer deutlichen Erhöhung des amerikanischen Rüstungshaushalts begegnet werden. Dabei gelte es in erster Linie, den scheinbar vorhandenen sowjetischen Vorsprung in der Raketenrüstung wettzumachen.

Replik des »Sputnik 1«. Am 4. Oktober 1957 schoss die Sowjetunion den ersten Satelliten ins Weltall. Ein Schock für den Westen, der sich in seiner Sicherheit bedroht fühlte.

Das Papier war zwar vertraulich, doch seine Inhalte gelangten schnell in die Öffentlichkeit. Die Berichte der amerikanischen Presse überboten sich mit Berechnungen zur Anzahl der sowjetischen ICBM und gipfelten in der Annahme einer vierzehnfachen Überlegenheit der Sowjetunion auf diesem Gebiet.

Angesichts dieser Lage trug der Stabschef der US Army, General Maxwell D. Taylor, Präsident Dwight D. Eisenhower persönlich seine Bedenken gegen die Strategie der »massiven Vergeltung« vor. Doch der amerikanische Präsident hielt sie weiterhin für die einzige Garantie des Friedens und wollte deshalb unbedingt an ihr festhalten. Frustriert zog General Taylor sich aus dem aktiven Dienst zurück. Anfang 1960 veröffentlichte er ein Buch mit dem Titel *The Uncertain Trumpet*.

Darin betonte er, dass in Kürze sowohl die USA als auch die Sowjetunion über große Bestände an nuklearen Waffen verfügen würden. Damit sei bereits eine wirksame gegenseitige Abschreckung erreicht; deshalb hielt Taylor einen großen Krieg für weniger wahrscheinlich als einen begrenzten Krieg bzw. sogenannte kleine Kriege. Besonders widersprach er der bisherigen Einschätzung, der Krieg zwischen den Supermächten werde bereits am ersten Tag zum nuklearen Schlagabtausch führen. Die bisherige Festlegung, bereits in einem lokalen Konflikt Nuklearwaffen einzusetzen, hielt er für falsch. Er forderte daher die Ablösung der bisherigen Nuklearstrategie der »massiven Vergeltung«. Vielmehr bedürfe es einer neuen Strategie, die sich unterschiedlichen Bedrohungssituationen flexibler anpassen könne und mehr Reaktionsmöglichkeiten als nur den automatischen Einsatz von Nuklearwaffen biete.

Doch eine neue Strategie mussten sowohl die amerikanische Führung als auch die transatlantischen Bündnispartner billigen. Diese Zustimmung sollte allerdings erst Ende der 1960er Jahre nach den Erfahrungen in der Berlinkrise von 1961 und in der Kubakrise erfolgen. In der Sowjetunion galt zu dieser Zeit der Grundsatz, dass ein Nuklearkrieg nur dann geführt werden sollte, wenn er dem Land von den USA oder der NATO aufgezwungen würde. Nach einem nuklearen Enthauptungsschlag gegen die Sowjetunion würde das bereitstehende Atomwaffenführungssystem »Perimetr« automatisch einen allumfassenden nuklearen Gegenschlag auslösen.

Die Angst vor einem Atomkrieg führte weltweit zu Protesten. Das Foto zeigt Atomwaffengegner beim ersten Marsch von London zum britischen Atomwaffenforschungsinstitut in Aldermaston im April 1958. Dieser Marsch wurde viele Jahre lang stets zu Ostern durchgeführt.

Die 29 Teilnehmerstaaten der Bandung-Konferenz (April 1955)

Politische Erwartungen und Enttäuschungen

Mitte der 1950er Jahre litten unzählige Menschen noch unter den Erinnerungen an die Schrecken des Zweiten Weltkrieges. Weltweit wurde jährlich der Opfer des ersten Einsatzes von Atombomben in Hiroshima und Nagasaki gedacht. Die Angst vor dem erneuten Ausbruch eines großen Krieges hatte der Koreakrieg wiederbelebt. Für große Beunruhigung sorgten jedoch vor allem die von den USA und der Sowjetunion in einer Art von nuklearem Wettrüsten durchgeführten Tests von Kernwaffen. In den Presseberichten über die jeweilige Explosion fehlte nie der Hinweis, sie habe die in Japan abgeworfenen Atombomben an Sprengkraft und Wirkung weit übertroffen. Ihren dauerhaften Ausdruck fand diese Angst u. a. im Beton privater und öffentlich errichteter Atombunker. Im April 1955 trafen sich Vertreter von 29 blockfreien Staaten zu einer Konferenz in der indonesischen Stadt Bandung. Sie forderten die beiden Atommächte USA und Sowjetunion auf, die Atomtests einzustellen und Kernwaffen generell zu verbieten. Die Angst vor einem alles vernichtenden Nuklearkrieg hatte eine globale Dimension erreicht. Dennoch schwand im Kalten Krieg nie die Hoffnung, dass es zwischen Staatssozialismus und Parteidiktatur einerseits und freier Marktwirtschaft und repräsentativer Demokratie andererseits doch zu einem friedlichen Ausgleich kommen könne.

Erwartungen eines friedlicheren Kurses der Weltpolitik weckte am 15. Mai 1955 die Aufhebung der alliierten Besatzung und die Wiederherstellung eines unabhängigen und demokratischen Staates Österreich. Hinzu kam, dass die von den ideologischen und machtpolitischen Gegensätzen zwischen Sowjetunion und den USA bestimmte Blockbildung zumindest in Europa abgeschlossen war. Das transatlantische Bündnis der NATO hatte sich um die Bundesrepublik erweitert. Die Sowjetunion und die Staaten des Ostblocks hatten unter Einbeziehung der DDR den Warschauer Pakt geschlossen. Im Juni 1955 lud die Sowjetunion den Bundeskanzler der Bundesrepublik Deutschland, Konrad Adenauer, zu einem Besuch nach Moskau ein. Gleichzeitig nahm sie die Einladung zu einer Gipfelkonferenz im Juli in Genf an. An diese Konferenz knüpften sich große Erwartungen. Zum ersten Mal seit Ende des Zweiten Weltkrieges trafen sich die Staats- und Regierungschefs der vier Siegermächte; denn an der Potsdamer Konferenz im Juli/August 1945 hatte noch kein Vertreter Frankreichs teilgenommen.

Es kam in Genf zu intensiven Diskussionen über die deutsche Wiedervereinigung, europäische Sicherheit, Abrüstung und Entwicklung der Kontakte zwischen Ost und West. Konkrete Vereinbarungen blieben trotz der betont freundlichen Atmosphäre allerdings aus. Immerhin erwähnte das Abschlusskommuniqué als gemeinsam anzustrebendes Ziel u.a. die Wiedervereinigung Deutschlands. Dass diese nicht einfach zu erreichen sein würde, belegte schon die Anwesenheit von *zwei* deutschen Delegationen als Beobachter in Genf. Adenauer reiste im September nach Moskau und vereinbarte die Aufnahme diplomatischer Beziehungen der Bundesrepublik zur Sowjetunion. Dabei erhielt

Der sowjetische Premierminister Bulganin (1896–1975), US-Präsident Eisenhower (1890–1969), Frankreichs Präsident Faure (1908–1988) und der britische Premierminister Eden (1897–1977) auf der Genfer Gipfelkonferenz im Juli 1955 (v.l.n.r.)

er die erhoffte Zusage, dass die letzten etwa 10 000 deutschen Kriegsgefangenen nach Hause kommen durften.

Das Vorhandensein von zwei deutschen diplomatischen Vertretungen in Moskau bestätigte allerdings die sogenannte Zwei-Staaten-Theorie: Immer mehr Mitglieder der Weltgemeinschaft gingen zum Missfallen der Bundesrepublik von der Existenz zweier souveräner Staaten auf deutschem Boden mit unterschiedlichen Gesellschaftsordnungen aus. Das im Herbst des Jahres stattfindende Treffen der Außenminister der vier Siegermächte in Genf blieb zwar ohne Ergebnis, in der Öffentlichkeit herrschte jedoch das Gefühl vor, dass der »Geist von Genf« eine Entspannung wahrscheinlicher gemacht habe.

Hoffnungen weckte ebenfalls der Verlauf des XX. Parteitags der Kommunistischen Partei der Sowjetunion (KPdSU) im Februar 1956 in Moskau. Auf Vorschlag des Ersten Sekretärs des Zentralkomitees (ZK), Nikita Chruschtschow, beschloss die Partei eine neue Linie für die sowjetische Außenpolitik. Zwar blieb die bisherige Auffassung bestehen, dass der Sozialismus im Wettkampf der Systeme schließlich siegen würde. Doch aus Sicht Chruschtschows musste in der gegenwärtigen Epoche ein Krieg unbedingt vermieden werden. Auf der Basis der Politik einer »friedlichen Koexistenz« sollten die Beziehungen zwischen den Staaten der beiden rivalisierenden Systeme verbessert werden.

Für noch größere Überraschung bei den Parteimitgliedern sorgte die Geheimrede Chruschtschows zum Abschluss des Parteitages, die der internationalen Öffentlichkeit allerdings erst durch einen Abdruck in der *New York Times* im Juni des Jahres bekannt wurde. Darin legte er das brutale und mörderische Herrschaftssystem seines 1953 verstorbenen Vorgängers Stalin offen. Chruschtschow geißelte den um Stalin betriebenen Personenkult und kündigte einen Kurs der Entstalinisierung an.

In Polen wie auch in den anderen von der Sowjetunion abhängigen Volksdemokratien konnte Chruschtschows Hinweis auf eine Rückbesinnung auf das alte leninistische Prinzip nationaler Wege zum Kommunismus allerdings unbeabsichtigte Folgen haben. Im Frühjahr 1956 kam es in Polen nach mangelnder Versorgung, Misswirtschaft, Lohnsenkungen und gleichzeitiger Erhöhung der Arbeitsnormen zu landesweiten Streiks. Die Polnische Volksarmee schlug im Juni in Posen einen Arbeiteraufstand blutig nieder. Der frühere Generalsekretär der Polnischen

Der ungarische Reformpolitiker und Ministerpräsident Imre Nagy (1896–1958)

Vereinigten Arbeiterpartei (PZPR), Władysław Gomułka, der zu Beginn der 1950er Jahre aus der Partei ausgeschlossen worden war, wurde nun rehabilitiert. Als ein sowohl für die Sowjetunion als auch für die polnische Bevölkerung akzeptabler polnischer Nationalkommunist wurde er zum 1. Sekretär des ZK der PZPR gewählt. Es gelang ihm, die nach Warschau geeilte sowjetische Führung unter Chruschtschow zu beruhigen. Eine bereits in Marsch gesetzte sowjetische Panzerdivision wurde zurückgerufen. Der von Gomułka eingeschlagene polnische Weg hielt sich in einem von der Sowjetunion annehmbaren Rahmen.

Ganz anders verlief hingegen der Versuch Ungarns, seine eigene Form des Kommunismus zu finden. Studenten hatten Ende Oktober 1956 in Budapest auf einer friedlichen Demonstration Veränderungen gefordert. Die Regierung ließ auf die Demonstranten schießen und löste damit einen landesweiten Aufstand aus. Nach dem Sturz der Regierung erfolgte die Rückkehr des früheren Reformpolitikers und Ministerpräsidenten Imre Nagy, der 1955 von Stalinisten in der Partei der Ungarischen Werktätigen (MDP) entmachtet und als Ministerpräsident abgesetzt worden war. Das Zentralkomitee der MDP beugte sich dem Druck der Bevölkerung und setzte Nagy erneut als Ministerpräsidenten ein. Dieser kündigte die Einführung einer parlamentarischen Demokratie an und erklärte den Austritt Ungarns aus dem Warschauer Pakt sowie die Neutralität des Landes.

Diese Schritte gefährdeten aus sowjetischer Sicht den gesamten um die Sowjetunion gelegten Ring kommunistischer Satellitenstaaten. Im November besetzten sowjetische Truppen Budapest und schlugen anschließend den Aufstand im Land blutig nieder. Die westlichen Mächte protestierten gegen die sowjetische Intervention. Eine militärische Einmischung stand jedoch nicht zur Debatte, denn diese interne Absicherung des sowjetischen Herrschaftsbereichs gefährdete nicht das internationale Gleichgewicht. Allerdings verstärkte das brutale Vorgehen der sowjetischen Truppen in Ungarn die bestehenden Feindbilder des Kalten Krieges.

Schon Ende Oktober verlagerte sich die Aufmerksamkeit der Weltöffentlichkeit auf den Nahen Osten. Der nach einem Offiziersputsch in Ägypten an die Macht gekommene Staatspräsident Gamal Abdel Nasser plante die Errichtung eines gewaltigen Nilstaudamms bei Assuan. Dieser sollte die notwendige Energie für die Industrialisierung des Landes erzeugen. Um einen größeren sowjetischen Einfluss in der Region zu verhindern, boten ihm Großbritannien, die USA und die Weltbank finanzielle Unterstützung an. Doch der ägyptische Staatspräsident erwarb mithilfe der Tschechoslowakei sowjetische Waffen und erkannte die kommunistische Volksrepublik China diplomatisch an. Postwendend zogen Großbritannien und die USA ihre finanziellen Zusagen zurück. Daraufhin verstaatlichte Nasser im Juli 1956 die im britisch-französischen Besitz befindliche Suez-Kanal-Gesellschaft, auch um den Bau des Staudamms zu finanzieren.

Gemeinsam suchten Großbritannien und Frankreich nach einer Möglichkeit, die Kontrolle über den Suezkanal zurückzugewinnen und einen Sturz Nassers herbeizuführen. Frankreich wollte dessen Sturz auch deswegen, weil Nasser die für die Unabhängigkeit Algeriens kämpfende Nationale Befreiungsfront FLN mit Geld und Waffen unterstützte. Schließlich gelang es den beiden europäischen Staaten, Israel für eine gemeinsame militärische Intervention zu gewinnen, indem

Ägyptens Staatspräsident Nasser (1918–1970)

Frankreich dem Land den Bau eines Nuklearreaktors versprach. Dieser sollte ausdrücklich nicht der Stromversorgung, sondern der wehrtechnischen Forschung dienen. Am 29. Oktober 1956 griffen israelische Einheiten die ägyptischen Truppen auf dem Sinai an und drangen Richtung Suezkanal vor. Daraufhin stellten Großbritannien und Frankreich ein Ultimatum. Sie forderten sowohl ihren Verbündeten Israel als auch ihren Gegner Ägypten auf, ihre Truppen vom Suezkanal zurückzuziehen. Als Nasser dies wie erwartet zurückwies, bombardierten britische und französische Bomber ägyptische Flugplätze und zerstörten dabei fast die gesamten Luftstreitkräfte des Landes.

Erbost über das nicht mit ihnen abgesprochene Vorgehen ihrer beiden europäischen Bündnispartner drängten die USA die Vereinten Nationen (UN) zu einer Resolution, die die Einstellung der Kampfhandlungen forderte. Am 5. November 1956 erhielten die Regierungen Frankreichs, Großbritanniens und Israels überraschend eine diplomatische Note der Sowjetunion mit der Warnung, den lokalen Konflikt am Suezkanal nicht zu einem Weltkrieg werden zu lassen. Die USA und andere

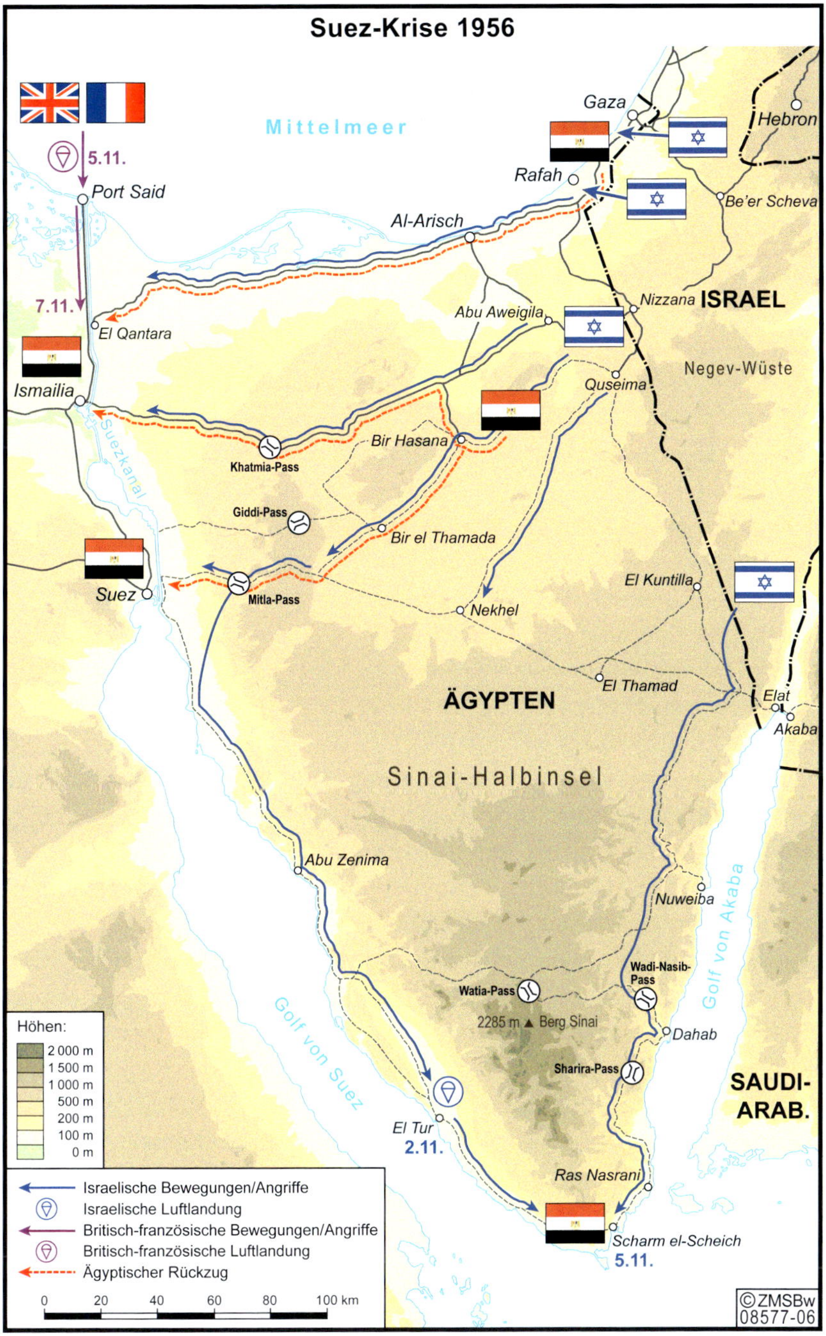
Suez-Krise 1956
Mittelmeer
5.11.
Port Said
7.11.
El Qantara
Ismailia
Suezkanal
Suez
Gaza
Hebron
Rafah
Be'er Scheva
Al-Arisch
Abu Aweigila
Nizzana
ISRAEL
Negev-Wüste
Quseima
Bir Hasana
Khatmia-Pass
Giddi-Pass
Bir el Thamada
Mitla-Pass
Nekhel
El Kuntilla
El Thamad
Elat
Akaba
ÄGYPTEN
Sinai-Halbinsel
Abu Zenima
Nuweiba
Golf von Akaba
Wadi-Nasib-Pass
Watia-Pass
2285 m ▲ Berg Sinai
Dahab
Sharira-Pass
SAUDI-ARAB.
Golf von Suez
El Tur
2.11.
Ras Nasrani
Scharm el-Scheich
5.11.
Höhen:
2 000 m
1 500 m
1 000 m
500 m
200 m
100 m
0 m
Israelische Bewegungen/Angriffe
Israelische Luftlandung
Britisch-französische Bewegungen/Angriffe
Britisch-französische Luftlandung
Ägyptischer Rückzug
0 20 40 60 80 100 km
©ZMSBw
08577-06

UN-Mitgliedstaaten sollten ihre Streitkräfte zur Intervention einsetzen. Die Sowjetunion sei zugunsten einer Wiederherstellung des Friedens im Nahen Osten bereit, die drei Aggressoren durch Gewaltanwendungen zu zerschlagen.

In einer Note an Großbritannien drohte Chruschtschow mit Atomangriffen auf London und Paris. Tatsächlich verfügte die Sowjetunion zu diesem Zeitpunkt nur über wenige MRBM vom Typ R-5 (NATO-Bezeichnung: SS-3 »Shyster«). Diese hätten wegen ihrer geringen Reichweite zunächst vom Übungsgelände in Kasachstan in die DDR verlegt werden müssen. Aber von diesem Zeitpunkt an begann Chruschtschow, bei militärisch-politischen Krisen bewusst mit dem Einsatz nuklearer Raketen zu drohen. In der Wahrnehmung der westlichen Welt widersprachen daher seine Äußerungen zu einer friedlichen Koexistenz seinen Drohungen mit einem Nuklearkrieg. Dieses Verhalten verstärkte die den Kalten Krieg prägende Annahme einer sowjetischen Unberechenbarkeit und die Angst vor einem durch die Sowjetunion ausgelösten Atomkrieg.

Die USA übten Druck auf dezentere Weise aus. Da Frankreich nicht so leicht zu beeinflussen war, drohten sie Israel mit der Einstellung ihrer politischen und wirtschaftlichen Unterstützung. Großbritannien gegenüber kündigten sie an, durch Veräußerung von im Besitz der USA befindlicher britischer Währung einen Kursabsturz des britischen Pfunds herbeizuführen. Schließlich lenkten Großbritannien, Frankreich und Israel ein und erklärten sich zum Waffenstillstand bereit. Dieser trat um Mitternacht des 6. November 1956 ein. Die UN entsandten erstmals eine bewaffnete Blauhelmtruppe, die *United Nations Emergency Force* (UNEF). Sie sollte die kämpfenden Parteien trennen, den Rückzug der britischen, französischen und israelischen Truppen überwachen und schließlich die Grenze zwischen Israel und Ägypten kontrollieren. Um den verlorenen politischen Boden in der Region wieder gutzumachen, hielt US-Präsident Eisenhower am 5. Januar 1957 im Kongress eine Rede. Er versprach, alle Länder im Nahen Osten zu verteidigen, falls sie sich einer Aggression des internationalen Kommunismus ausgesetzt sehen sollten. Dieses Versprechen ging als »Eisenhower-Doktrin« in die Geschichte ein.

1957 trat mit dem »Sputnik-Schock« zunächst eine Art Eiszeit in den Beziehungen zwischen Ost und West ein. Die Sowjetunion hatte mehr-

Die Soldaten der UNEF-Friedenstruppe auf dem Sinai hatten ab Februar 1957 die Aufgabe, die Truppen Ägyptens und Israels auseinanderzuhalten und die vereinbarten Grenzen zu sichern.

fach den Wunsch nach einem erneuten Gipfeltreffen geäußert. Eisenhower teilte zwar im Januar 1958 seine generelle Bereitschaft dazu dem sowjetischen Ministerpräsidenten Nikolai Bulganin mit. Ein solcher Gipfel sollte aus seiner Sicht jedoch erst nach einer vorausgegangenen erfolgreichen Außenministerkonferenz stattfinden. Im März übernahm Chruschtschow das Amt Bulganins und war damit Parteichef der KPdSU und zugleich Ministerpräsident. Im Zentrum der auch von Frankreich

Chruschtschow (1894–1971, l.) mit Ehefrau und Präsident Eisenhower während der Reise durch die USA im September 1959

und Großbritannien befürworteten Gipfelkonferenz sollte das Thema Abrüstung stehen. Doch im Juni ließ Chruschtschow überraschend einige vertrauliche Dokumente zu den Vorverhandlungen veröffentlichen. Außerdem gab er die Hinrichtung des früheren ungarischen Hoffnungsträgers Imre Nagy bekannt. Diese Vorzeichen machten aus westlicher Sicht ein Gipfeltreffen jedoch undenkbar.

Im November 1958 übersandte Chruschtschow den drei ehemaligen Alliierten sowie beiden deutschen Staaten eine diplomatische Note. Darin erklärte er, der gemeinsam beschlossene Vier-Mächte-Status von Berlin sei nicht länger in Kraft. Die Truppen der drei Westmächte müssten die Stadt deshalb binnen sechs Monaten verlassen und Westberlin dann den Status einer »freien und entmilitarisierten« Stadt erhalten. Ultimativ drohte Chruschtschow den Westmächten, wenn sie sich seinen Forderungen nicht beugten, werde er die Kontrolle über die Zufahrts- und Luftwege nach Berlin der DDR übergeben. Die Außenminister der drei Westmächte wiesen ebenso wie die NATO das Ultimatum Chruschtschows im Dezember zurück.

Anfang 1959 folgte ein Vorschlag Chruschtschows zu einer Neutralisierung Deutschlands. Mit einem neutralen Deutschland könne sodann ein Friedensvertrag ausgehandelt werden. Falls sein Vorschlag abgelehnt werde, drohte Chruschtschow, einen separaten Friedensvertrag mit der DDR abzuschließen. Beides lehnten die Westmächte entschieden ab, signalisierten jedoch weiterhin ihre Bereitschaft zu Verhandlungen. Im Sommer des Jahres fand deshalb erneut eine Außenministerkonferenz in Genf statt. Die Westmächte kamen der Sowjetunion insofern entgegen, als sie nicht länger auf einer gesamtdeutschen Lösung beharrten und sich zu einer von der Deutschlandfrage getrennten Behandlung des Berlin-Problems bereiterklärten. Die Konferenz ergab jedoch lediglich eine Vereinbarung zu einem bilateralen Treffen Eisenhowers mit Chruschtschow. In der Hoffnung, dabei die Berlin-Frage klären zu können, lud der US-Präsident vor der geplanten Konferenz den sowjetischen Regierungschef zu einem Besuch in die USA ein.

Die USA-Reise Chruschtschows fand vom 15. bis 27. September 1959 statt. Dabei wurden ihm die Sehenswürdigkeiten Washingtons gezeigt, und er führte im Kongress ein Teegespräch mit Mitgliedern des einflussreichen Senatsausschusses für Auswärtige Angelegenheiten. Diesem gehörte auch der demokratische Senator von Massachusetts, John F. Kennedy, an. Die weitere Reise führte den sowjetischen Regierungschef unter anderem nach New York, San Francisco und Los Angeles. Chruschtschow wurde nicht müde, überall auf die Überlegenheit der Sowjetunion und des kommunistischen Systems hinzuweisen. Am Ende des Besuches erhielt Eisenhower von Chruschtschow die indirekte Zusage zur Aufhebung des Berlin-Ultimatums. Eisenhower selbst glaubte insgeheim, wie er seinem Sicherheitsberater Gordon Gray mitteilte, es sei am besten, wenn Berlin eine unter den Schutz der UN gestellte »freie Stadt« würde. Die gemeinsame Presseverlautbarung zum Abschluss des USA-Aufenthaltes von Chruschtschow kündigte eine Wiederaufnahme der Berlin-Gespräche, einen Gegenbesuch Präsident Eisenhowers in der Sowjetunion sowie eine Vier-Mächte-Gipfelkonferenz an.

Diese Gipfelkonferenz sollte Mitte Mai 1960 in Paris stattfinden. Sie stand jedoch unter einem schlechten Stern. Knapp zwei Wochen vor

Am 17. August 1960 begann in Moskau der öffentlich inszenierte Prozess gegen den U-2-Piloten Powers (1929–1977). Er war mit seiner Maschine während eines Spionageflugs über der Sowjetunion abgeschossen worden, konnte sich jedoch mit dem Fallschirm retten. Powers wurde wegen Spionage verurteilt und am 10. Februar 1962 gegen den in den USA festgenommenen sowjetischen Spion Oberst Rudolf Abel an der Glienicker Brücke in Potsdam ausgetauscht.

Konferenzbeginn wurde über der Sowjetunion eine U-2 abgeschossen, deren Pilot Francis G. Powers unverletzt blieb und in Gefangenschaft geriet. In einem öffentlichen, propagandistisch geschickt genutzten Gerichtsverfahren gestand er, einen Spionageflug für die CIA durchgeführt zu haben. Chruschtschow verlangte sogleich nach seinem Eintreffen in Paris am 16. Mai eine öffentliche Entschuldigung des amerikanischen Präsidenten für die über der Sowjetunion durchgeführten Spionageflüge. Zudem forderte er eine Bestrafung der für den Flug von Powers Verantwortlichen sowie ein Verbot weiterer Überflüge. Da Eisenhower den Forderungen Chruschtschows nicht nachkommen wollte, schließlich hatte er jeden einzelnen der U-2-Flüge der CIA persönlich genehmigt, platzte die Konferenz, und Chruschtschow reiste am folgenden Tag wieder ab.

Im Oktober 1960 nutzte Chruschtschow eine UN-Vollversammlung in New York zu einer aggressiven Rede und heftigen Attacken gegen die USA: Die amerikanische Regierung, klagte er, beschränke seinen Bewegungsradius angeblich aus Sicherheitsgründen auf Manhattan. Während dieses dreiwöchigen Aufenthalts traf Chruschtschow in New York erstmals mit dem kubanischen Revolutionsführer Fidel Castro zusammen. Ein neues, folgenreiches Kapitel in der Geschichte des Kalten Krieges begann.

↗ Treibende Kraft der kubanischen Revolution: Fidel Castro (1926–2016), Aufnahme Mai 1960

3 Kubanische Revolution und amerikanische Reaktion

Castros Revolution

Für eine nachhaltige Veränderung der politischen Situation in der westlichen Hemisphäre sorgten Ereignisse auf der bisher politisch und wirtschaftlich von den USA abhängigen Insel Kuba. Im März 1952 nutzte der Oberbefehlshaber der kubanischen Armee, Fulgencio Batista, die Unzufriedenheit der Soldaten zu einem unblutigen Militärputsch und errichtete eine Diktatur. Es folgten die Auflösung von Senat und Abgeordnetenhaus sowie die Aussetzung des Streikrechts. Der 1926 geborene Rechtsanwalt Fidel Castro erhob gegen die unrechtmäßig zustande gekommene Präsidentschaft Batistas Klage beim Obersten Gerichtshof Kubas. Als diese zurückgewiesen wurde, begann er, einen gewaltsamen Sturz des Diktators zu planen. Um sich die für einen Aufstand notwendigen Waffen zu beschaffen, griff Castro mit einigen Gleichgesinnten am 26. Juli 1953 die Moncada-Kaserne in Santiago de Cuba an. Gleichzeitig versuchte eine weitere Gruppe, in die Céspedes-Kaserne in Bayamo

Batista (1901–1972) amtierte in Kuba zunächst von 1940 bis 1944 als gewählter Staatspräsident. Nach einem von ihm angeführten Putsch des Militärs herrschte er von 1952 bis Ende 1958 als korrupter Diktator. Streiks und Demonstrationen wurden verboten und Oppositionelle mit Folterungen und Morden unterdrückt. Aufnahme März 1957.

einzudringen. Beide Unternehmungen scheiterten. Einige der Angreifer wurden während der Kämpfe getötet oder später ermordet. Ein Gericht verurteilte die Gefangenen, darunter auch Castro, zu langjährigen Haftstrafen.

Im Zuge einer Generalamnestie kamen alle sogenannten Moncadistas bereits im Mai 1955 wieder frei. Einige von ihnen blieben auf Kuba und nahmen den verdeckten Kampf gegen die Armee sowie die Geheimpolizei Batistas auf. Castro hingegen ging mit seinem Bruder Raúl und zwanzig Mitstreitern ins Exil nach Mexiko. Dort gründete er die »Bewegung des 26. Juli«, der sich unter anderem auch der argentinische Arzt Ernesto »Che« Guevara anschloss. Es gelang Castro, die finanziellen Mittel für Waffen und Ausrüstung für den geplanten Aufstand in Kuba aufzutreiben. Zu dessen Vorbereitung erfolgte durch einen ehe-

Die Flagge der »Bewegung des 26. Juli« in Erinnerung an den 1953 fehlgeschlagenen Angriff Castros auf die Moncada-Kaserne in Santiago de Cuba

maligen spanischen Offizier eine militärische Ausbildung der künftigen Guerillakämpfer. Am 25. November 1956 verließ Castro mit 82 Mitkämpfern auf der Yacht »Granma« den mexikanischen Hafen Tuxpan in Richtung Kuba.

Am 2. Dezember 1956 landete die Gruppe südlich der Stadt Niquero in einem Mangrovensumpf bei Los Cayuelos am Golf von Guacanayabo im Südosten der Insel. Die Mehrzahl der Angreifer kam bei den ersten Kampfhandlungen mit dem kubanischen Militär ums Leben. Nur eine kleine Gruppe von 15 Personen, darunter die Castro-Brüder und Guevara, entkam in die unwegsame Bergwelt der Sierra Maestra. Von dort aus begann sie einen Guerillakrieg. Für Nachschub und weiteren Zulauf von kampfbereiten Männern und Frauen sorgten die im Untergrund verbliebenen Mitglieder der Bewegung. Da er soziale und wirtschaftliche Reformen propagierte, fand Castro die Unterstützung der Gewerkschaften und der kommunistischen Sozialistischen Volkspartei (PSP). Die wachsende Zahl der Guerillakämpfer ermöglichte ihm schließlich Ende 1958, offensiv gegen Batista vorzugehen. Nach mehreren militärischen Niederlagen verließ der Diktator Kuba noch in der Silvesternacht und floh in die Dominikanische Republik. Nur sechs Tage nach dem Sturz Batistas erkannten die USA das Regime Castros diplomatisch an.

Der siegreiche Revolutionär Castro bildete zunächst eine Übergangsregierung unter Ministerpräsident José Miró Cardona. Dann löste er den Kongress sowie alle politischen Parteien mit Ausnahme der PSP auf. Etwa 500 Mitglieder und Anhänger des Batista-Regimes wurden nach

summarischen öffentlichen Gerichtsverfahren erschossen, weitere Personen zu hohen Haftstrafen verurteilt. Dies veranlasste eine größere Zahl von Kubanern zur Flucht, zumeist in die nahegelegenen USA. Den Soldaten des Batista-Regimes hatte Castro für die im Kampf gegen seine Guerillatruppe befolgten Befehle Straffreiheit zugesichert, überführten Kriegsverbrechern hingegen drohte Bestrafung. Nach dem Freispruch von Angehörigen der kubanischen Luftwaffe bestand Castro allerdings auf einer Wiederholung des Prozesses. Im zweiten Verfahren verurteilte das Gericht die Angeklagten als Kriegsverbrecher zu hohen Haftstrafen. Selbst einige Revolutionäre hielten diesen Eingriff in die

Justiz für unrechtmäßig. Sie empfanden ihn als Bruch mit den revolutionären Zielen und gingen zurück in den Untergrund. In der Folgezeit entschlossen sich noch weitere kleinere Gruppen zum Widerstand gegen Castros Revolutionsregime und begannen in den unzugänglichen Gebirgsregionen der Insel einen neuen Guerillakrieg.

Castro entließ Cardona bereits im Februar 1959 und trat selbst als Ministerpräsident in die Regierung ein. Guevara übernahm das Industrieministerium sowie die Leitung der Staatsbank. Ein Gesetz zur Agrarreform begrenzte den Grundbesitz einer Person auf 400 Hektar, und ausländische Investoren durften künftig kein Land mehr erwerben. Es

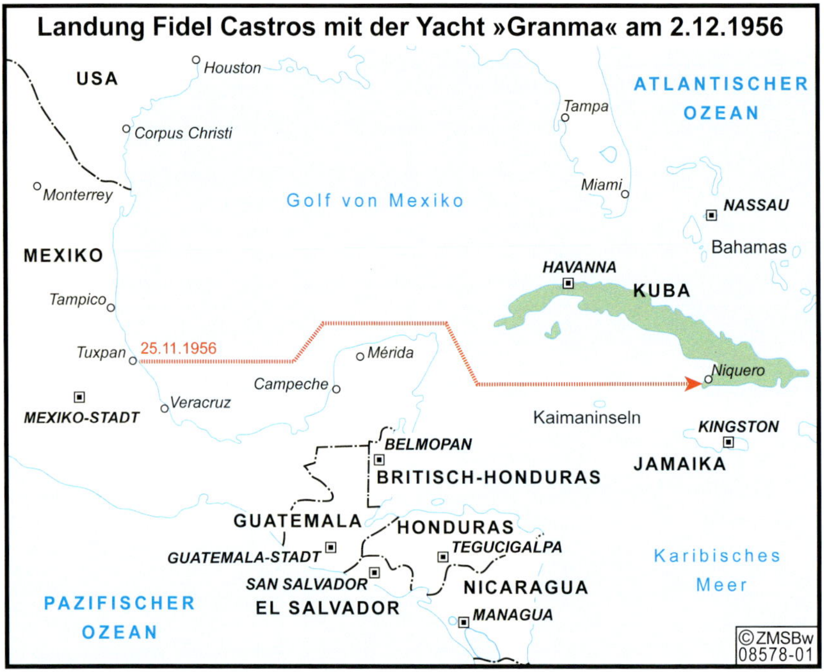

folgte eine Halbierung der Mieten sowie eine Erhöhung der Löhne. Von dieser Umverteilung profitierten die kubanischen Unterschichten. Zudem investierte der Staat in die Bildung, entsandte Lehrer für die Alphabetisierung der Bevölkerung aufs Land und sorgte für eine kostenlose medizinische Grundversorgung. Enthusiastisch feierten daher große Teile der kubanischen Bevölkerung den *Comandante en Jefe*. Nach der Verstaatlichung der Cuban Telephone Company sanken zwar die Telefongebühren, das verprellte jedoch die früheren amerikanischen Anteilseigner. Weitere Maßnahmen wie Land- und Besitzverteilungen zugunsten der armen Unterschichten trafen neben den großen amerikanischen Zuckergesellschaften allerdings ebenfalls die gebildete und über Besitz verfügende Mittel- und Oberschicht Kubas. Erneut flohen Tausende dieser besonders betroffenen Kubaner in die USA.

Die bärtigen Revolutionäre, die eine Diktatur gestürzt hatten, stießen bei großen Teilen der US-amerikanischen Bevölkerung durchaus auf Sympathie. Dies zeigte sich bei Castros elftägigem Privatbesuch in den USA im April 1959, zu dem ihn die *American Society of Newspaper*

Eine begeisterte Menge begrüßt den erfolgreichen Revolutionär Castro im Central Park Havannas im Januar 1959.

Editors eingeladen hatte. Während seines Aufenthalts versicherte Castro angesichts der wirtschaftlichen Abhängigkeit seines Landes von den USA wiederholt, seine kubanischen Rebellen seien keine Kommunisten. Der skeptische Präsident Eisenhower ging ihm allerdings lieber aus dem Weg. Vizepräsident Richard Nixon hingegen lud Castro zu einem Gespräch ein und warnte ihn vor dem Kommunismus. Aus den USA zurückgekehrt, verstaatlichte Castro jedoch alle Zuckerrohrplantagen. Gleichzeitig zog er das Eigentum ausländischer Landbesitzer ein und verringerte den Umfang der Einfuhr amerikanischer Waren.

US-Vizepräsident Nixon (1913–1994, r.) nutzt den privaten Besuch Castros in den USA zu einem persönlichen Zusammentreffen am 19. April 1959 im Kapitol in Washington.

Eisenhowers Reaktion

Angesichts dieser Maßnahmen kam der amerikanische Außenminister Christian Herter im Juli 1959 zu der Einschätzung, dass mit dieser kubanischen Regierung nicht länger zusammengearbeitet werden könne. Auch Eisenhower hatte die Revolution Castros misstrauisch verfolgt. Er beklagte besonders die zahlreichen Hinrichtungen sowie das Ausbleiben von freien Wahlen. Dass Positionen in Regierung und Militär mit Mitgliedern der PSP besetzt wurden, steigerte noch seine Bedenken. Castro begann, den Kommunismus zu loben, und suchte eine Annäherung an die Sowjetunion. Das machte ihn nach den Spielregeln des Kalten Krieges für Eisenhower endgültig zu einem politischen Gegner. Als sich verbale Angriffe Castros auf die »imperialistischen USA« häuften, sah Eisenhower sich persönlich herausgefordert. Ihm kam entgegen, dass sowohl das Außenministerium als auch die CIA einen Sturz des

Castro-Regimes für möglich hielten. Um das zu bewerkstelligen, wollten die USA die mit der politischen Entwicklung ihres Landes unzufriedenen einheimischen Kräfte auf der Insel möglichst unauffällig für sich gewinnen.

Die Grundlage für verdeckte Geheimdienstoperationen bildete eine Direktive des National Security Council (NSC), die Eisenhower im Dezember 1955 genehmigt hatte. Die NSC 5412/2 »Covert Operations« gestattete der CIA, »wo immer nötig in dem unerbittlichen Kalten Krieg gegen die kommunistische Expansion«, verdeckte Operationen durchzuführen. Diese konnten aus Propagandaaktionen, Handelskrieg, politischen Aktivitäten, Sabotage sowie der Unterstützung von Widerstandsgruppen bestehen. Aus der Sicht der Regierung galten diese geheimen Operationen als Antwort auf die Operationen der kommunistischen Geheimdienste.

Ende Dezember 1959 schlug die CIA eine verdeckte Operation in Kuba in zwei Phasen vor. Zunächst war die Rekrutierung von etwa 35 möglichst kriegserfahrenen Exilkubanern vorgesehen. Diese sollten zu Instruktoren für verschiedene paramilitärische Fähigkeiten wie Führung, Sabotage und Kommunikation ausgebildet werden. In der zweiten Phase konnten diese Instrukteure dann exilkubanische Rekruten in kleinen Teams nach dem Vorbild der US Army Special Forces auf einen Einsatz vorbereiten. Sodann war deren Einschleusung auf der Insel südlich der Stadt Trinidad vorgesehen. Sie hatten die Aufgabe, die in den Escambray-Bergen befindlichen kleinen Guerillagruppen so zu trainieren, dass jene erfolgreich gegen Castor vorgehen könnten.

Anfang Januar 1960 gründete die CIA eine *Cuba Task Force* (CTF), die einen Plan für eine verdeckte Operation gegen Kuba erarbeitete. Zusätzlich war die Bildung einer kubanischen Exilorganisation in Florida vorgesehen, die anti-kommunistische Exilkubaner anwerben und geheime Informationen von der Insel beschaffen sollte. In erster Linie jedoch diente die Exilorganisation dazu, verdeckte Operationen zu tarnen. Keinesfalls durfte die amerikanische Regierung in den Verdacht geraten, der mögliche Initiator und Drahtzieher solcher Operationen in Kuba zu sein.

Im Februar 1960 traf eine sowjetische Handelsdelegation unter Führung des Stellvertretenden Ministerpräsidenten Anastas Mikojan in Kuba ein. Man einigte sich auf die Aufnahme diplomatischer Beziehungen. Weiterhin garantierte die Sowjetunion Kuba eine Abnahme von fünf Millionen Tonnen Zucker und sagte einen Niedrigzinskredit, technische Hilfe sowie die Lieferung von Öl zu. Sowjetisches Rohöl bekam Kuba zu niedrigeren Preisen, als sie bei den US-amerikanischen Firmen auf der Insel üblich waren. Die auf Kuba befindlichen US-amerikanischen Raffinerien weigerten sich jedoch auf Wunsch der Eisenhower-Regierung, das sowjetische Rohöl zu verarbeiten. Daraufhin verstaatlichte Castro diese Raffinerien.

Die JCS gelangten im März 1960 zu der Überzeugung, Castros Regime sei ein Krebsgeschwür, das mit allen Mitteln entfernt werden müsse. Für ein Vorgehen US-amerikanischer Streitkräfte gegen Kuba konnte Präsident Eisenhower jedoch nicht gewonnen werden. Er befürchtete, dass ein militärischer Angriff das Verhältnis der USA zu den lateinamerikanischen Staaten beeinträchtigen könnte. Ihm erschien daher eine verdeckte Operation, wie sie die CIA vorsah, als die bessere Lösung. Deshalb ermächtigte der Präsident am 17. März 1960 die CIA, den ihm vorgelegten Plan umzusetzen. Ende des folgenden Monats entstand in Mexiko die Exilorganisation *Cuban Democratic Revolutionary Front*. Ein Jahr später ging diese in Florida in das *Cuban Revolutionary Council* unter Leitung von Ex-Ministerpräsident Cardona über, der inzwischen vorsichtshalber in die USA emigriert war. Von der vor Honduras liegenden Schwaneninsel sendete eine Radiostation bereits spanischsprachige US-Propaganda in Richtung Kuba. In Panama begann die Ausbildung von dreißig Exilkubanern zu Instruktoren, die die kubanischen Widerstandsgruppen unterstützen sollten.

Die Zusammenziehung und Ausbildung von Exilkubanern zog die Neugier US-amerikanischer Zeitungen auf sich. Deren Berichterstattung veranlasste Chruschtschow im Juli in Moskau zu einer Drohung. Das Territorium der Vereinigten Staaten, erklärte er am 9. Juli 1960, liege nicht länger außerhalb der Reichweite sowjetischer Waffen. Falls die aggressiven Kräfte im Pentagon eine Intervention gegen Kuba wagten, »könnten sowjetische Artilleristen die kubanische Bevölkerung mit Raketenfeuer unterstützen«. Eisenhower ließ durch die Presse mitteilen, ein vom internationalen Kommunismus gebildetes Regime könne in der westlichen Hemisphäre nicht mit Duldung der USA rechnen. Im August 1960 verstaatlichte Castro weitere US-amerikanische Unternehmen. Die USA reduzierten in der Folge drastisch die Importrate von

Der stellvertretende sowjetische Premierminister Mikojan (1895–1978, 2. v. l.) trifft Castro (2. v. r.) im Februar 1960 in Havanna anlässlich einer sowjetischen Ausstellungseröffnung. Das Zusammentreffen signalisiert den Beginn einer engeren politischen und wirtschaftlichen Zusammenarbeit zwischen Kuba und der Sowjetunion.

kubanischem Zucker und beendeten die Importe schließlich ganz. Daraufhin verstaatlichte Castro die kubanischen Niederlassungen US-amerikanischer Banken. Die CIA informierte Eisenhower darüber, dass sich ab November des Jahres über 500 Exilkubaner in paramilitärischem Training befänden. Der Erfolg der geplanten Operation blieb allerdings in erster Linie vom Vorhandensein ausreichend vieler Widerstandskräfte vor Ort abhängig. Zu deren Unterstützung warfen im September von Exilkubanern gesteuerte Flugzeuge über den Escambray-Bergen Waf-

Castro (l.) trifft erstmals Chruschtschow am Rande einer UN-Vollversammlung im September 1960 in New York.

fen und Munition an Fallschirmen ab. Über die wirkliche Größe und den Erfolg der lokalen Widerstandskräfte besaß die CIA allerdings nur höchst unzureichende Informationen.

Fahne der exilkubanischen *Brigada Asalto 2506*. 2506 war die Nummer der Erkennungsmarke des Brigademitglieds Carlos R. Santana, der im September 1960 in Guatemala bei einem Übungsunfall während der Ausbildung für eine Anlandung in Kuba ums Leben gekommen war.

Am 26. September 1960 hielt Castro eine über vierstündige Rede vor einer UN-Vollversammlung in New York, zu der auch Chruschtschow angereist war. Er schilderte darin den Aufstieg und die Errungenschaften seiner Revolution. Danach griff er vehement die Kubapolitik der USA an. Castro erwähnte dabei Äußerungen Kennedys aus dem gerade laufenden Präsidentschaftswahlkampf und verunglimpfte diesen als Analphabeten und ignoranten Millionär. In seinem Hotel im Stadtteil Harlem traf Castro sich zu einem längeren persönlichen Gespräch mit Chruschtschow. Das von Kuba keineswegs geheimgehaltene Eintreffen einiger sowjetischer Panzer und Luftabwehrgeschütze zu dieser Zeit sollte die guten Beziehungen zwischen beiden Staaten noch unterstreichen. Im Oktober 1960 erließen die USA ein völliges Embargo für Exporte nach Kuba, von dem nur Lebensmittel und Medikamente ausgenommen blieben. Diesen Schritt beantwortete Castro mit der Enteignung sämtlicher bis dahin noch verbliebener amerikanischer Unternehmen auf der Insel.

Ab November des Jahres veränderte sich die ursprüngliche Planung der CIA für die Operation in Kuba. Anstelle der vorgesehenen Infiltration einzelner Gruppen beschloss man eine militärische Anlandung von Paramilitärs zur Unterstützung der Widerstandsgruppen. In Guatemala befanden sich inzwischen weit mehr als 500 Exilkubaner in der Ausbildung, die sich selbst den Namen *Brigada Asalto 2506* gegeben hatten. Sie wurden jetzt gezielt auf Luftlande- und amphibische Operationen vorbereitet. Im Dezember fasste die CIA den Beschluss, dass die Brigade im März 1961 an den Stränden südlich der Stadt Trinidad an Land gehen sollte.

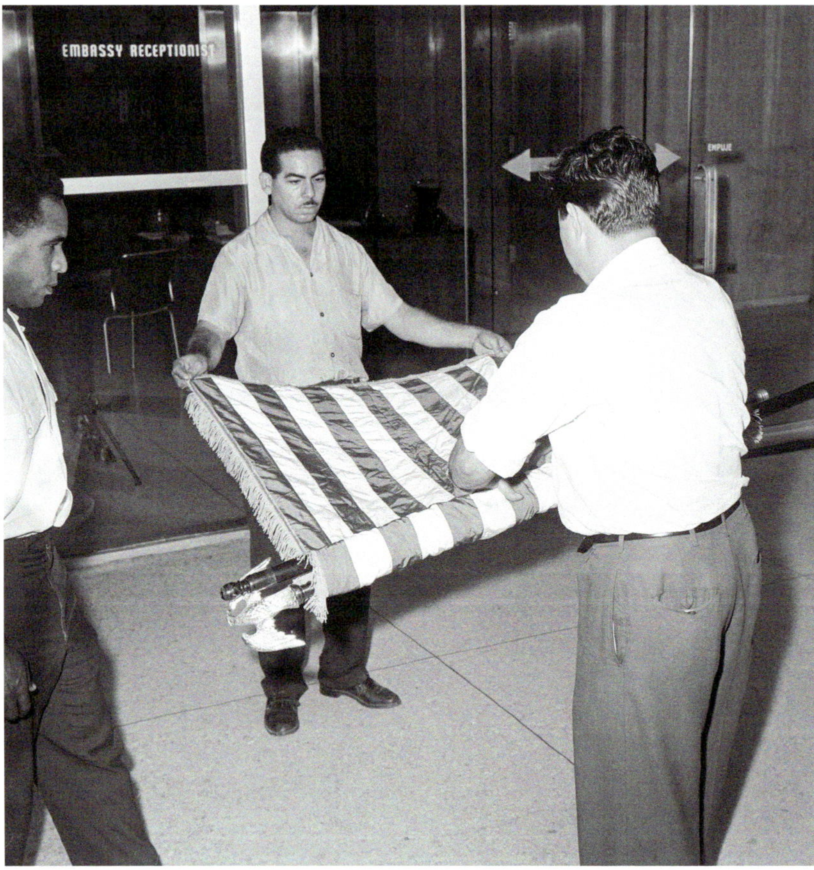

Nach Beendigung der diplomatischen Beziehungen rollen Mitarbeiter der US-Botschaft die US-Flagge ein, 7. Januar 1961. Erst seit 2014 gibt es wieder vollständige diplomatische Beziehungen zwischen den USA und Kuba.

Zur Luftunterstützung war ein Einsatz exilkubanischer Piloten mit von den USA ausgemusterten Weltkriegsbombern vom Typ Douglas B-26B/C »Invader« vorgesehen. Diese Maschinen hatte zuletzt die 117th *Tactical Reconnaissance Wing* der *Air National Guard Alabamas* genutzt. Die CIA erhielt einige dieser Flugzeuge und die Erlaubnis, Angehörige des Air-Guard-Geschwaders anzuwerben. Deren Verträge sahen sowohl die fliegerische Ausbildung exilkubanischer Piloten als auch die technische Wartung der Maschinen vor, die mit Farben und Kennzeichen der kubanischen Luftwaffe übermalt wurden. Das Training erfolgte auf einem Flugplatz, den Nicaragua der CIA zur Verfügung gestellt hatte. Von dort sollte kurz vor der Anlandung der Brigade ein erster Luftangriff auf Flugplätze und Flugzeuge der kubanischen Luftwaffe erfolgen. Danach konnten die per Schiff an die Küste gebrachten Brigademitglieder an Land gehen, unterstützt von einem zweiten Angriff der Bomber. Zusammen mit den nach Ansicht der CIA ausreichend vorhandenen lokalen kubanischen Oppositionsgruppen sollten die Angelandeten dann den Aufstand gegen Castro auf der Insel vorantreiben. Eisenhower akzeptierte den ihm vorgelegten Plan der CIA und ordnete noch eine möglichst schnelle Verstärkung der Brigade an. Diese umfasste schließlich fast 1500 Mann.

Am 3. Januar 1961, wenige Wochen vor dem Ende der Präsidentschaft Eisenhowers, verlangte Castro eine drastische Reduzierung der Diplomaten der US-amerikanischen Botschaft in Havanna binnen 48 Stunden. Daraufhin beendete Eisenhower in einer seiner letzten Amtshandlungen am folgenden Tag die diplomatischen Beziehungen mit Kuba. Dieser Schritt verringerte allerdings die bisher größtenteils über die Botschaft in Havanna gewonnenen mageren Informationen der CIA über die Stimmung im Land und den kubanischen Widerstand weiter. Die Durchführung des Anlandungsplans musste Eisenhower nicht mehr anordnen, denn der vorgesehene Zeitpunkt der Anlandung fiel nicht mehr in seine Amtszeit, sondern in die seines Nachfolgers John F. Kennedy.

↗ Vereidigung John F. Kennedys (1917–1963) als 35. Präsident der USA am 20. Januar 1961 auf den Stufen des Kapitols in Washington

4 Kennedy und Kuba

Das Desaster in der »Schweinebucht«

Im Wahljahr 1960 hatte der Präsidentschaftskandidat Kennedy zwei Themen häufiger angesprochen: die »Raketenlücke« und Kuba. Tatsächlich wusste er, dass eine solche Lücke gar nicht bestand, sie ließ sich allerdings politisch gut verwenden. Wiederholt nutzte er das Schlagwort »Raketenlücke« im Wahlkampf für seine Angriffe auf die republikanische Regierung Eisenhowers. Kennedy warnte vor einem Scheitern der Abschreckungspolitik und einem möglichen nuklearen Erstschlag der Sowjetunion, denn eine militärische Konfrontation mit der Sowjetunion empfand er als tödliche Bedrohung. Häufiger beschwor er in seinen Reden zudem die Gefahr, dass ein Nuklearkrieg durch Irrtum oder Zufall ausbrechen könne. Geschickt formulierte er dabei seine Bedenken gegen die Automatismen der Strategie der »massiven Vergeltung«.

Auch die bisherige politische Entwicklung in Kuba hatte Kennedy für Angriffe auf die republikanische Regierung genutzt. Eisenhower warf er vor, er habe die notleidende kubanische Bevölkerung vernachlässigt und somit den Erfolg Castros erst möglich gemacht. Nur deshalb sei es diesem gelungen, auf der benachbarten karibischen Insel einen feindlichen und militanten kommunistischen Satelliten zu errichten. Kuba könne der Sowjetunion als Sprungbrett zur kommunistischen Unterwanderung ganz Lateinamerikas dienen.

Ende September 1960 signalisierten die Meinungsumfragen einen Gleichstand der Wählerstimmen für Kennedy und Nixon. Jetzt mussten sich beide Kandidaten stärker um die Stimmen von Minderheiten bemühen. Kennedy nutzte dazu die erstmals bei einer Präsidentenwahl geführten Fernsehduelle mit seinem Mitbewerber und forderte Unterstützung für die Exilkubaner, die für die Freiheit ihres Landes zu kämpfen bereit seien. Der Vizepräsident kannte die geheimen Pläne Eisenhowers und der CIA für Kuba, doch er konnte diese aus Geheimhaltungsgründen nicht ins Feld führen. Kennedy gewann die Wahl im November 1960 nicht zuletzt wegen seiner Eloquenz in den Diskussionen mit einem verbraucht und überfordert wirkenden Vizepräsidenten Nixon.

Der überwiegende Teil der US-amerikanischen Bevölkerung brachte dem jugendlich wirkenden und gutaussehenden Kennedy sowie dessen Ehefrau Jacqueline große Sympathien entgegen. Unbekannt blieben die schweren gesundheitlichen Probleme, die Kennedy schon seit früher Jugend begleiteten. Dazu zählten Magen- und Darmprobleme, plötzliche Gewichtsverluste, Knochenschwund, Bandscheibenvorfälle und vor allem ständige Rückenschmerzen. Operationen an der Wirbelsäule verschafften keine Besserung. Seine Untauglichkeit für die US Army machte er durch eine freiwillige Meldung für die US Navy wett. Als das von ihm geführte Patrouillentorpedoboot im Pazifik durch einen japanischen Zerstörer im August 1943 gerammt wurde und unterging, verletzte er sich ausgerechnet am Rücken. Er galt als Kriegsheld, weil er als guter Schwimmer geholfen hatte, seine Besatzung zu retten.

Bei den Sitzungen des Senats, dem er seit 1952 angehörte, fehlte Kennedy häufig wegen Krankheit. Nach einer schweren Rückenoperation fiel er sogar ins Koma. Seitdem musste er ständig ein Korsett tragen. Täglich nahm der Präsident bis zu zwölf verschiedene Medikamente wie etwa Antidepressiva, Amphetamine, Testosteron und verschiede-

Präsidentschaftskandidat Kennedy mit seiner Frau Jacqueline (1929–1994) während des Wahlkampfs im Oktober 1960

ne Schmerz- und Schlafmittel ein. Vor öffentlichen Auftritten und besonderen Stresssituationen wurden ihm Schmerzmittel direkt in den Rücken gespritzt. Die Bevölkerung nahm jedoch wie erwünscht einen gesunden Kennedy wahr.

Nach seiner erfolgreichen Wahl zum Präsidenten am 8. November 1960 durfte Kennedy erstmals über Geheimdienstplanungen zu Kuba informiert werden. Dazu suchten ihn CIA-Direktor Allen Dulles und der Stellvertretende Direktor für Operationen, Richard Bissell, auf. Sie unterrichteten ihn über bisherige verdeckte Operationen in Kuba, die militärische Ausbildung von Exilkubanern in Guatemala sowie deren geplante Anlandung auf der Insel. Auch Eisenhower informierte in den üblichen Gesprächen zur Amtsübergabe seinen Nachfolger über das Verhältnis der USA zu Kuba. Dabei unterstrich er die Bedeutung einer Guerillaoperation auf der Insel, denn seiner Meinung nach dürfe das Regime Castros dort nicht länger regieren.

Am 20. Januar 1961 leistete Kennedy als 35. Präsident der USA seinen Amtseid und hielt seine Inaugurationsrede. Am folgenden Tag teilte Castro dem sowjetischen Botschafter in Havanna, Sergei Kudryawtsew, mit, die Inaugurationsrede signalisiere eine gewisse Konzessionsbereitschaft gegenüber dem sozialistischen Lager. Zwar sei es gewiss naiv anzunehmen, dass die USA ihre aggressiven Absichten gegenüber Kuba plötzlich aufgäben. Er glaube jedoch, mit dem Amtsantritt Kennedys nehme die äußere Gefahr für Kuba etwas ab.

Kurz nach dem Amtsantritt Präsident Kennedys machten CIA-Direktor Dulles und der Vorsitzende der JCS, General Lyman Lemnitzer, einige der neuen Kabinettsmitglieder mit den Planungen zu Kuba vertraut. Dazu gehörten unter anderem Verteidigungsminister Robert S. McNamara, Außenminister Dean Rusk und Justizminister Robert F. Kennedy. Verteidigungsminister McNamara, der erste Präsident der Ford Motor Company, der nicht zur Ford-Familie gehört hatte, galt in der neuen Administration als eine Art Star und wollte sich in der Außen- und Sicherheitspolitik profilieren. Eine größere Konkurrenz für Außenminister Rusk auf seinem Aufgabengebiet als McNamara stellte allerdings der Präsident selbst dar, denn er hielt sich in seiner Regierung für den wichtigsten Außenpolitiker.

In seiner Sitzung mit den Oberbefehlshabern der Teilstreitkräfte am 25. Januar fragte der neue Präsident sie nach ihrer Meinung zu Aktionen

Präsident Kennedy mit Verteidigungsminister McNamara (1916–2009, l.) und Außenminister Rusk (1909–1994, Mitte), Aufnahme Dezember 1962

gegen Kuba. Ihr Vorsitzender General Lemnitzer antwortete, dass ursprünglich an verdeckte Operationen gedacht worden sei. Inzwischen habe Kuba jedoch umfangreiche militärische Ausrüstung aus der Tschechoslowakei erhalten, die auch kubanische Piloten ausbilde. Eine Lieferung moderner sowjetischer Flugzeuge für Kuba stehe offensichtlich bevor. Die Zahl der für verdeckte Operationen in Kuba vorgesehenen Kräfte müsse daher erhöht werden. Zudem verstärke Castro seine Kontrolle der Küstenregionen. Lemnitzer hoffte, es entstehe bald eine Exilregierung in Florida, worauf dann die Anlandung einiger Kräfte auf Kuba und die Aufnahme von Aktivitäten durch dortige Guerillagruppen folgen könne. Solche Gruppen könnten sodann von amerikanischer Seite militärisch unterstützt werden. Dafür lägen bereits entsprechende Planungen vor. Kennedy nahm zu den ihm vorgetragenen Überlegungen keine Stellung.

Am 28. Januar berieten der Präsident und seine engsten Mitarbeiter erstmals über die von der Eisenhower-Administration geplante Operation der CIA in Kuba. Kennedy genehmigte die Operation und forderte deren baldige Durchführung. Zudem solle die CIA ihre Propagandaaktionen, politischen Aktivitäten und Sabotageakte auf der Insel verstärken. Verteidigungsminister McNamara erhielt von ihm den Auftrag, die bisherige Planung der Anlandung zum Einsatz der Anti-Castro-Kräfte zu überprüfen und ihm das Ergebnis vorzulegen. Außenminister Rusk wies er an, gemeinsame Aktionen mit der 1948 gegründeten *Organization of American States* (OAS) zwecks einer politischen Isolation des Castro-Regimes zu erarbeiten. Der OAS gehörten 35 Staaten Nord- und Südamerikas an, darunter auch das Gründungsmitglied Kuba.

Seine ablehnende Haltung gegenüber Kuba begründete Kennedy mit dem prinzipiellen US-amerikanischen Widerstand gegen eine kommunistische Unterwanderung lateinamerikanischer Republiken. Am 30. Januar 1961 hielt der Präsident seine erste »State-of-the-Union«-Rede. Darin betonte er, keine Einwände dagegen zu haben, wenn die Bevölkerung Kubas nach einem besseren Leben strebe. Soziale und ökonomische Reformen auf der Insel müssten ermutigt werden. Über Fragen der Wirtschaft und des Handels könne verhandelt werden, nicht jedoch über eine kommunistische Herrschaft in der westlichen Hemisphäre. Amerika wende sich deshalb gegen eine Herrschaft sowohl fremder als auch einheimischer Tyrannen auf Kuba. Am 31. Januar des folgenden Jahres suspendierten die Staaten der OAS die Mitgliedschaft Kubas.

Mit der Geheimhaltung der geplanten verdeckten Operation war es nicht weit her – Castro musste lediglich die Presse verfolgen. Eine Zeitung in Guatemala hatte bereits Ende Oktober 1960 von der dortigen militärischen Ausbildung von Exilkubanern berichtet. US-amerikanische Zeitungen griffen das Thema auf und hielten die Berichterstattung aktuell. Der Präsident Guatemalas, José Miguel Ramón Ydígoras Fuentes, unterstützte die Operation der CIA gegen Kuba ebenso wie der Präsident Nicaraguas, Anastasio Somoza Debayle, denn beide Präsidenten fürchteten ihre Entmachtung durch eine Revolution wie in Kuba. In beiden Ländern genoss Castro bei den oppositionellen Gruppen hohes Ansehen, was dem kubanischen Geheimdienst die Informationsgewinnung erleichterte. Hinzu kam eine Fülle weiterer Informationen, die der kubanische Geheimdienst mühelos bei Exilkubanern in Florida bekam. Die CIA hingegen verfügte nach dem Ende ihrer diplomatischen Präsenz auf Kuba nur noch über ein schlecht funktionierendes Informationsnetz. Ganz offensichtlich überschätzte sie daher die Bereitschaft der zudem vom Castro-Regime streng kontrollierten kubanischen Bevölkerung, einen Guerillakampf gegen Castro aufzunehmen.

Botschafter Kudryawtsew führte mit Castro und dessen Außenminister Raúl Roa García in Havanna regelmäßige Gespräche. Er war überrascht, wie gut die kubanische Führung über die Absichten der CIA informiert war. Castro wusste von den US-Planungen, durch eine Anlandung von Exilkubanern einen Brückenkopf für einen Guerillakrieg zu errichten. Ebenso gut war er über die Absicht, eine Marionettenregierung unter Cardona einzusetzen, informiert. Lediglich den genauen Ort der Anlandung sowie die Taktik des weiteren Vorgehens kannte die kubanische Führung nicht. Castro unterrichtete Kudryawtsew darüber, dass in den Regionen Oriente, Las Villas und Pinar del Rio kleine Gruppen von Konterrevolutionären agierten. Diese würden von Flugzeugen mit an Fallschirmen abgeworfenen Waffen und Material versorgt. In diesem Zusammenhang beklagte er das Fehlen einer funktionierenden

Von der CIA angeworbene exilkubanische Freiwillige, teilweise bereits in Uniform, für die Anlandung der *Brigada Asalto 2506* in Kuba

kubanischen Flugabwehr; er bat den Botschafter um die Lieferung sowjetischer Flugzeuge und Waffen zur Luftverteidigung.

Am 11. März 1961 legte die CIA in einer Sitzung des NSC dem Präsidenten den sogenannten Trinidad-Plan vor, der eine Anlandung exilkubanischer Kräfte nahe der Stadt Trinidad in der zentralkubanischen Provinz Sancti Spíritus vorsah. Falls es größeren Widerstand gab, konnten sie von dort aus leicht das Escambray-Gebirge erreichen. In dieser Region bestand die Möglichkeit, sich zu verbergen und sich aus dem Land zu ernähren, was zuvor schon Castro und seinen Revolutionären gelungen war. Kennedy wollte jedoch eine Anlandung in der Nähe einer Stadt vermeiden und wünschte sich eine geschütztere Stelle. Schon drei Tage später legte die CIA ihm einen neuen Plan vor. Dieser verlegte die Landungszone über hundert Kilometer weiter westlich in die sogenannte Schweinebucht in den Zapata-Sümpfen, einer dünnbesiedelten und außerordentlich feuchten Region. Ein eventuell notwendiger Rückzug in die Escambray-Berge war von dort aus kaum noch möglich. Die Planer der CIA teilten dem Präsidenten die bei ihnen durchaus vorhandenen Bedenken bei der Wahl dieser Landungszone nicht mit. Kennedy beanstandete außerdem den Zeitpunkt der Anlandung am frühen Morgen, der es unglaubwürdig mache, dass es sich um eine von inländischen Guerillas getragene Operation handele. Die CIA verlegte daher die Anlandung in die Nacht. Die CIA erhielt von Kennedy noch die ausdrückliche Anweisung, der *Brigada Asalto 2506* mitzuteilen, dass sie in keinem Fall mit einer Unterstützung amerikanischer Streitkräfte rechnen könne.

Weder die CIA noch einer der engeren Berater des Präsidenten nutzte die angebotene Möglichkeit zu einem Widerspruch gegen eine Anlandung in der »Schweinebucht«. Nach späteren Bekenntnissen hegten einige von ihnen starke Bedenken, doch wollte offenbar niemand durch offenen Widerspruch seine Karriere schädigen. Die JCS überprüften den Plan der CIA nicht so gründlich, wie sie ihre eigenen militärischen Planungen überprüften. Einerseits blieben sie bei ihrer Überzeugung, dass eine Anlandung ohne militärische Unterstützung nicht erfolgreich sein konnte. Andererseits wussten sie, dass der Präsident ein offenes militärisches Eingreifen der Streitkräfte ablehnte. Generell bestand zwischen den Generalen des JCS und dem Präsidenten ein Kommunikationsproblem. Als Verbindungsglied zwischen dem Weißen Haus und dem Verteidigungsministerium hatte der Präsident als nationalen Sicherheitsberater McGeorge Bundy etabliert. Dieser galt als brillanter Intellektueller und hatte bisher an der Harvard University Politikwissenschaften gelehrt. Gegenüber den Offizieren im Pentagon fand er jedoch wohl nicht den richtigen Ton.

Am 12. April gab Kennedy eine Pressekonferenz. Dabei betonte er unter anderem, seine Regierung werde alles tun, um sicherzustellen, dass keine Amerikaner in Aktionen gegen Kuba involviert seien. Nur zwei Tage später gab er grünes Licht für die Anlandung der Exilkubaner. Um Spekulationen zu entkräften, blieb er an diesem Wochenende nicht in Washington, sondern verbrachte es mit seiner Frau und den beiden Kindern in seinem Wochenendhaus »Glen Ora« in Virginia. Am Samstag, dem 15. April, starteten in Nicaragua acht B-26B/C »Invader« und warfen Bomben auf drei kubanische Flugplätze. Es gelang ihnen allerdings nicht, alle Flugzeuge der kubanischen Luftwaffe zu zerstören. Eine bereits in Nicaragua von den Exilkubanern absichtlich leicht beschädigte »Invader«-Maschine flog überdies gar nicht erst nach Kuba, sondern planmäßig direkt nach Florida. Der Pilot erklärte nach der Lan-

Die Douglas B-26 »Invader« war ein zweimotoriger leichter amerikanischer Bomber, den die USA bereits im Zweiten Weltkrieg eingesetzt hatten. Inzwischen durch neuere Flugzeugtypen ersetzt, hatte er zuletzt noch in der Air National Guard des Staates Alabama Verwendung gefunden.

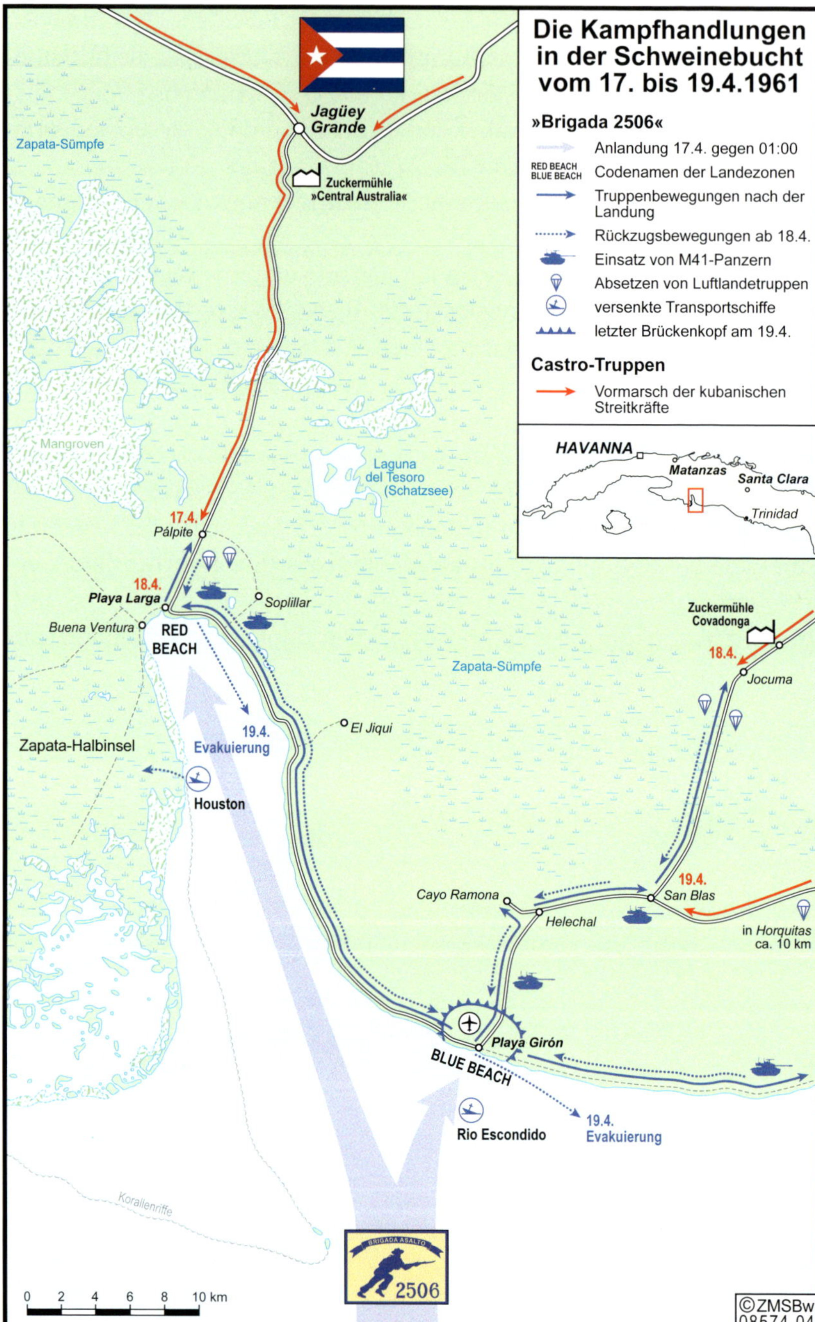
Die Kampfhandlungen in der Schweinebucht vom 17. bis 19.4.1961
»Brigada 2506«
Anlandung 17.4. gegen 01:00
RED BEACH BLUE BEACH
Codenamen der Landezonen
Truppenbewegungen nach der Landung
Rückzugsbewegungen ab 18.4.
Einsatz von M41-Panzern
Absetzen von Luftlandetruppen
versenkte Transportschiffe
letzter Brückenkopf am 19.4.
Castro-Truppen
Vormarsch der kubanischen Streitkräfte
HAVANNA
Matanzas
Santa Clara
Trinidad
Jagüey Grande
Zapata-Sümpfe
Zuckermühle »Central Australia«
Mangroven
Laguna del Tesoro (Schatzsee)
17.4.
Pálpite
18.4.
Playa Larga
Soplillar
Buena Ventura
RED BEACH
Zuckermühle Covadonga
18.4.
Jocuma
Zapata-Sümpfe
El Jiqui
19.4.
Evakuierung
Zapata-Halbinsel
Houston
19.4.
San Blas
Cayo Ramona
Helechal
in Horquitas ca. 10 km
Playa Girón
BLUE BEACH
Rio Escondido
19.4.
Evakuierung
Korallenriffe
BRIGADA ASALTO 2506
0 2 4 6 8 10 km
©ZMSBw 08574-04

dung der Presse, der Bombenangriff auf die eigenen Flugplätze in Kuba sei das Werk seiner Kameraden der kubanischen Luftwaffe. Wie er hätten diese genug von Castro. Leider habe jedoch nur er allein die Flucht in die USA geschafft.

Trotz dieses Täuschungsmanövers sah sich der amerikanische Botschafter bei den Vereinten Nationen, Adlai Stevenson, sogleich mit dem Vorwurf konfrontiert, die Bombardierung Kubas sei das Werk der USA. Stevenson war in die Geheimaktion der CIA nicht eingeweiht und wehrte sich daher vehement gegen diesen Vorwurf. Außenminister Rusk wollte das Ansehen Stevensons bei den Vereinten Nationen nicht weiter beschädigen. Auf sein Anraten sagte Kennedy deshalb telefonisch den für den frühen Morgen des folgenden Tages geplanten weiteren Bombenangriff ab. Diesem Luftangriff kam jedoch große Bedeutung zu, weil er die Anlandung der Kämpfer begleiten und ihnen erleichtern sollte, die Brückenköpfe im Strandbereich Richtung Landesinneres zu verlassen. Zwar hatten die Planer der CIA große Bedenken wegen der Absage der Bombenangriffe, gingen jedoch nicht auf das Angebot von Rusk ein, dies dem Präsidenten mitzuteilen. So wurde die Anlandung in der »Schweinebucht« ein Desaster. Als am frühen Morgen des 17. April die *Brigada Asalto 2506* in der Bucht ihren Angriff begann, stieß sie sogleich auf Gegenwehr der kubanischen Luftwaffe. Diese zerstörte zwei ihrer Schiffe mit der gesamten Munitionsreserve und allen Versorgungsgütern. Schnell gelang es Castro, Infanterie, Panzer und Artillerie gegen die Landungsabschnitte heranzubringen.

Um Mitternacht des folgenden Tages fand eine Krisensitzung im Weißen Haus statt. Vorschläge der JCS, doch noch Flugzeuge der US Air Force einzusetzen, lehnte Kennedy entschieden ab. Er fürchtete eine Eskalation, die auch Folgen für die Lage in Europa und besonders für Berlin haben könnte. Stattdessen genehmigte er jetzt den Angriff der in Nicaragua am Boden gebliebenen Bomber für den 19. April. Zwei Maschinen des 50 Seemeilen vor der kubanischen Küste kreuzenden Flugzeugträgers USS »Boxer« sollten dabei den Jagdschutz übernehmen. Deren amerikanische Hoheitszeichen waren dafür übermalt worden. Doch der Jagdschutz kam nicht zustande. Beim geplanten Treffen der Bomber aus Nicaragua mit den beiden Jagdflugzeugen kurz vor der Insel waren die unterschiedlichen Zeitzonen nicht berücksichtigt worden. Mühelos schoss die kubanische Luftwaffe daher die meisten B-26B/C-Bomber ab.

Einige der in Gefangenschaft geratenen Mitglieder der *Brigada Asalto 2506* verhörte Castro nach dem Desaster in der »Schweinebucht« persönlich. Die Verhöre wurden im Rundfunk übertragen. Fünf Gefangene erhielten die Todesstrafe, die übrigen wurden in vom kubanischen Fernsehen übertragenen Schauprozessen zu hohen Haftstrafen verurteilt. Im Tausch gegen Nahrungsmittel und Medikamente kamen sie 1962 wieder zurück in die USA.

Für diesen zweiten Luftangriff hatten sich freiwillig acht der von der CIA angeworbenen Air-Guard-Angehörigen gemeldet. Deshalb befanden sich unter den Toten der abgeschossenen Maschinen des 19. April auch vier tote Amerikaner, weitere vier hatten überlebt und gerieten in Gefangenschaft. Das lieferte Castro den Beweis für seine Anschuldigung, dass die USA sich aktiv an der Anlandung beteiligt hätten. Den Leichnam des Piloten Thomas Ray ließ er einfrieren, um ihn jederzeit als Beweis für die amerikanische Beteiligung vorzeigen zu können. Erst 17 Jahre später erhielten die Familienangehörigen die Erlaubnis, den Leichnam in die USA zu überführen. Da die Kämpfer der *Brigada Asalto 2506* über keine Munition mehr verfügten, mussten sie noch am 19. April die Waffen strecken. 114 ihrer Kämpfer waren gefallen, 1189 gerieten in Gefangenschaft. Weitere 150 Kämpfer hatten den Strand erst gar nicht erreicht. Am 20. April verkündete Castro stolz der Welt das Ende einer durch die USA betriebenen Invasion auf Kuba.

Die Führung im Weißen Haus stand unter Schock. Der Präsident machte die JCS für das Scheitern in der »Schweinebucht« verantwortlich, weil er glaubte, sie hätten ihre Bedenken gegen die Operation deutlicher vorbringen müssen. Generell vertraute Kennedy daher künftig nur noch dem engsten Kreis seiner Berater. Mit der Untersuchung der Ursachen für die erlittene Schlappe beauftragte er Maxwell D. Taylor. Dazu holte er den bereits pensionierten General aus dem Ruhestand ins Weiße Haus. Zu der von Taylor geleiteten *Cuba Study Group* (CSA) gehörten Robert Kennedy, CIA-Direktor Dulles und Admiral Arleigh Burke. Der von der CSA schließlich vorgelegte Bericht enthielt Hinweise zu Kommunikationsproblemen innerhalb der Regierung. Er vermied es, das Ansehen des Präsidenten irgendwie zu schädigen, das aber dennoch gelitten hatte.

Kennedy trifft Chruschtschow

Acht Wochen nach dem Scheitern der Landung in der »Schweinebucht« sollte das von Kennedy angeregte Treffen mit Chruschtschow stattfinden. Dieser hatte Kennedy bereits nach dessen Wahl zum Präsidenten gratuliert und die Hoffnung ausgesprochen, dass sich die sowjetisch-amerikanischen Beziehungen wieder wie in der Zeit von Präsident Franklin D. Roosevelt entwickeln würden. Die Sowjetunion sei zu Verhandlungen über Abrüstung, über einen Friedensvertrag mit Deutschland und andere Fragen bereit. Das könne zur Entspannung und Verbesserung der gesamten internationalen Situation beitragen. Kennedy hatte sich bedankt, und es folgte ein Wechsel von freundlichen Briefen. Vier Wochen nach seinem Amtsantritt hatte Kennedy Ende Februar 1961 ein persönliches Zusammentreffen zu einem informellen Gedankenaustausch angeregt und Chruschtschow ein Treffen im Juni des Jahres in Wien, also im neutralen Österreich, vorgeschlagen.

Außenminister Rusk hatte den Präsidenten vor einer neuen Berlinkrise gewarnt. Die USA, so die Einschätzung seines Ministeriums, müssten zu Verhandlungen bereit sein. Berlin sei nicht mehr zu verteidigen, da die Glaubwürdigkeit der Drohung mit einem großen Nuklear-

Chruschtschow (r.) und Kennedy treffen sich im Juni 1961 zu Gesprächen in Wien.

krieg abnehme. Die Bedeutung der Stadt für das Vertrauen der NATO-Partner in die USA wollte Kennedy wie seine Amtsvorgänger nicht in Frage stellen. Er fürchtete jedoch, dass eine militärische Konfrontation in Berlin schnell zu einem zerstörerischen Nuklearkrieg führen könne. Dieses Risiko wollte auch er durch Verhandlungen verringern. Deshalb war er bereit, die Hegemonialstellung der Sowjetunion in der DDR und Osteuropa anzuerkennen. Dafür erwartete er von Moskau eine ebensolche Akzeptanz der amerikanischen Vormachtstellung in der westlichen Hemisphäre. Der Präsident konnte mit Sicherheit davon ausgehen, dass die Berlin-Frage beim Treffen in Wien zur Sprache kommen würde. Er beabsichtigte jedoch, sich zurückzuhalten und die Vorschläge Chruschtschows abzuwarten.

Die Lage in Berlin hatte sich durch die steigende Zahl der aus der DDR in den Westen flüchtenden Menschen verschärft. Am 28./29. März fand in Moskau eine Tagung der Staaten des Warschauer Pakts statt. Die dort vom Staatsratsvorsitzenden der DDR, Walter Ulbricht, vorgelegte Lösung des Flüchtlingsproblems in Berlin fand allerdings keine Zustimmung. Er hatte zur Erschwerung der Fluchtbewegung die Errichtung eines Stacheldrahtzauns zwischen Ost- und Westberlin vorgeschlagen. Sein Vorschlag wurde abgelehnt, da das Ansehen der kommunistischen Staaten durch eine solche Maßnahme Schaden nehmen könnte. Zudem sollte eine Eskalation der Beziehungen zu den Westmächten vermieden werden.

Chruschtschow sandte am 17. April, dem Tag der Anlandung in der »Schweinebucht«, Kennedy ein Telegramm. Darin zeigte er sich beunruhigt über das bewaffnete Vorgehen gegen Kuba. Der Präsident antwortete ihm, die Amerikaner unterstützten lediglich den Kampf der Kubaner gegen die Diktatur Castros. Kennedy ahnte, dass Chruschtschow ihn als jung und unerfahren einschätzte. Außerdem würde er ihn angesichts der mangelhaften amerikanischen Unterstützung der Exilkubaner in der »Schweinebucht« gewiss für schwach halten. Umso entschlossener wollte er Chruschtschow in Wien entgegentreten.

Verteidigungsminister McNamara erinnerte den Präsidenten kurz vor dessen Abreise nach Wien an den *Single Integrated Operation Plan-62* (SIOP). Dieser war vor dem Amtsantritt Kennedys erstellt worden und sollte im kommenden Jahr in Kraft treten. Der Operationsplan sah bei einem sowjetischen Vorgehen in Berlin den sofortigen Einsatz nuklearer Waffen vor, denn die Planungen basierten auf dem Konzept der »massiven Vergeltung«. Die Erläuterungen McNamaras verstärkten die bereits vorhandenen Sorgen und Zweifel Kennedys, der die bisherige Nuklearstrategie schon wegen ihres Eskalationsrisikos und der zu erwartenden Zerstörung nicht mehr für sinnvoll erachtete.

Beim Treffen in Wien am 3./4. Juni 1961 brüstete sich Chruschtschow zunächst mit dem Erfolg des Sozialismus in der Welt. Kennedy hingegen wies auf die Gefahr eines Atomkrieges hin. Schließlich brachte Chruschtschow den Friedensvertrag mit der DDR ins Spiel. Die Westmächte müssten ihre Rechte aufgeben und der Umwandlung Westberlins in eine freie Stadt zustimmen. Kennedy entgegnete, der Abschluss eines Friedensvertrages, durch den die USA ihre im Krieg erworbenen Rechte verlören, sei keine friedliche Handlung. Vielmehr handele es sich dabei um einen kriegerischen Akt. Aggressiv drohte Chruschtschow dem Präsidenten daraufhin mit einer Blockade Westberlins. Wenn nötig, fügte er hinzu, sei er bereit, wegen Berlin auch einen Atomkrieg zu führen. Kennedy antwortete kühl, dann gebe es eben einen Krieg und einen kalten Winter. Damit war das Treffen ohne gegenseitige Zugeständnisse beendet.

Nach seiner Rückkehr aus Wien offenbarte Kennedy Kenneth O'Donnell, dem ehemaligen Stubenkameraden seines Bruders Robert aus Harvard-Zeiten, der nun sein Persönlicher Assistent im Weißen Haus war, wie er die Lage bewertete: Es sei dämlich, das Leben von Millionen Amerikanern für einen Streit über das Zugangsrecht zu einer Autobahn in der sowjetisch besetzten Zone zu riskieren. Gleiches gelte für die vertragliche Sicherung Berlins als zukünftiger Hauptstadt eines wiedervereinigten Deutschlands. Alle wüssten doch, dass Deutschland wohl nie mehr wiedervereinigt werden würde.

Stacheldraht in Berlin

Seit Beginn des Jahres 1961 hatten sich die Flüchtlingszahlen der DDR dramatisch entwickelt. Zwischen Januar und August verließen 155 402 Einwohner ihr Land. Anfang August fand ein Treffen der Ersten Sekretäre der kommunistischen Parteien des Ostblocks in Moskau statt. Überraschend erhielt Ulbricht jetzt doch noch die Zustimmung zu einer Abriegelung Westberlins. Chruschtschow hatte, bestärkt durch sein Treffen mit Kennedy in Wien, inzwischen den Eindruck gewonnen, dass die USA außer verbalen Protesten nichts gegen die Abriegelung unternehmen würden. In Wien hatte Kennedy die Wahrung der amerikanischen Rechte ausdrücklich auf Westberlin beschränkt. An den Platz des bisher stets genutzten Terminus ›Berlin‹ war jetzt ›Westberlin‹ getreten. In zahlreichen Äußerungen machte der Präsident keinen Hehl daraus, dass er sich im gemeinsamen Stadtgebiet mit einer Teilung abfinden würde. Am 25. Juli formulierte er in einer Fernsehrede die *three essentials* seiner künftigen Berlinpolitik: Gewährleistet werden müssten weiterhin die freien Zugangsrechte der USA, die unbehinderte Aufrechterhaltung der amerikanischen Garnison sowie das Selbstbestimmungsrecht der Westberliner. Eine Ostberlin betreffende sowjetische Aktion berührte offensichtlich die amerikanischen Interessen nicht.

Auch der demokratische US-Senator und Vorsitzende des einflussreichen Senatsausschusses für Auswärtige Angelegenheiten, James Fulbright, äußerte sich zu Berlin am 30. Juli in einem Fernsehinterview. Er glaube, es könne durchaus mit der Sowjetunion über Konzessionen ge-

Erste provisorische Mauern zwischen Ost- und Westberlin werden im September 1961 durch Stacheldrahtsperren mit Betonpfosten ergänzt.

sprochen werden, die den Flüchtlingsstrom über Westberlin eindämmten. Er fügte hinzu, er verstehe nicht, weshalb die DDR nicht ihre Grenzen schlösse, schließlich habe sie doch jedes Recht dazu. Tatsächlich waren sich Kennedy und sein Sicherheitsberater Bundy Anfang August darüber einig, dass eine solche Absperrung unvermeidlich war. Einen Zusammenbruch der DDR könne Chruschtschow nicht hinnehmen. Er müsse irgendetwas tun, um den Flüchtlingsstrom zu stoppen, vielleicht würde er eine Mauer errichten.

Neben den Andeutungen aus den USA zur Haltung der Kennedy-Administration hatte jedoch vor allem eine Information des sowjetischen Geheimdienstes KGB Chruschtschow dazu bewegt, dem Abschottungswunsch Ulbrichts stattzugeben. Der KGB hatte für den sowjetischen Regierungschef einen Bericht über die Anfang August in Paris durchgeführte NATO-Konferenz erstellt: Den Diskussionen, so der

KGB, sei mit Sicherheit zu entnehmen, dass weder die USA noch die Westmächte wegen einer Trennung Westberlins vom östlichen Teil der Stadt einen Krieg riskieren würden.

Am 13. August 1961 begann die DDR mit Absperrmaßnahmen zwischen Ost- und Westberlin. Die bisherige Bewegungsfreiheit der Berliner Bevölkerung zwischen dem Osten und dem Westen der Stadt gab es nicht mehr. Der Verkehr auf den internationalen Strecken zwischen der Bundesrepublik und Westberlin sowie der Interzonenverkehr auf Autobahnen und Landstraßen blieben hingegen ungestört. Der an diesem Tag vor Cape Cod segelnde Kennedy wurde anlässlich dieser Nachricht an Land gerufen. Telefonisch informierte ihn Außenminister Rusk über die begonnene Absperrung in Berlin. Danach setzte der Präsident, offensichtlich wenig überrascht oder gar beunruhigt, seinen Segeltörn fort.

Noch im selben Monat verkündete Chruschtschow, die zwischenzeitlich unterbrochenen Atomtests wiederaufzunehmen. Geplant sei die Detonation einer Wasserstoffbombe mit 50 Megatonnen. Deren Sprengkraft war etwa 4000-mal so hoch wie die der Bombe von Hiroshima. In aller Welt brachte die Presse daraufhin Zeichnungen der möglichen Todes- und Zerstörungszonen, die beim Abschuss einer solchen Bombe auf die jeweiligen Hauptstädte verursacht würden. Die Angst vor einem Atomkrieg erreichte weltweit einen neuen Höhepunkt. Kennedy fühlte sich persönlich brüskiert, hatte ihm Chruschtschow doch in Wien versichert, die Sowjetunion würde niemals als erste Macht das im Oktober 1958 vereinbarte Atomtest-Moratorium brechen. Allerdings hatte Frankreich 1960 bereits Atomwaffentests in der algerischen Wüste durchgeführt.

Am 17. Oktober 1961 zog Chruschtschow das Ultimatum zum separaten Friedensvertrag mit der DDR offiziell zurück. Am 26. Oktober standen sich in Berlin am Grenzübergang »Checkpoint Charlie« auf der Friedrichstraße kurzfristig amerikanische und sowjetische Panzer gegenüber. Dennoch flauten die Spannungen langsam ab. Die USA und die Sowjetunion setzten ihre Gespräche über Berlin hinter den Kulissen fort. Gleichwohl blieben den USA schon aus Rücksicht auf den Bündnispartner Bundesrepublik dabei die Hände gebunden. So endeten die Versuche, die Frage am Verhandlungstisch zu lösen, mehr oder weniger ergebnislos im Sommer des folgenden Jahres.

Am 26. Oktober 1961 stehen sich amerikanische und sowjetische Panzer am »Checkpoint Charlie« in Berlin in Sichtweite gegenüber. Die Welt hält den Atem an. Es wird eine direkte Konfrontation der beiden Großmächte befürchtet. Nach 16 Stunden und vorausgegangenen Geheimgesprächen ziehen schließlich beide Seiten ihre Panzer wieder ab.

Überraschend erwies sich der angebliche Vorsprung der Sowjetunion auf dem Gebiet der ICBM als Trugschluss. Offensichtlich wurden diese Interkontinentalraketen keineswegs, wie Chruschtschow geprahlt hatte, in Massen »wie Würstchen« produziert. Die U-2-Aufklärungsflüge über der Sowjetunion waren zwar nach dem Abschuss des Piloten Powers eingestellt worden. Doch aus den Aufnahmen der seit 1959 mithilfe der RM-81-»Agenda«-Rakete eingesetzten amerikanischen Keyhole-Corona-Satelliten ergab sich, dass die Sowjetunion nur über etwa 35 einsatzbereite ICBM verfügte. Auf die Ankündigung Chruschtschows zum Test der 50-Megatonnen-Superbombe reagierten die USA im Oktober 1961 mit einer öffentlichen Rede des Stellvertretenden Verteidigungsministers Roswell Gilpatric. Der Zeitpunkt der Rede war bewusst gewählt, denn Gilpatric hielt sie am 21. Oktober in Hot Springs, während in Moskau der XXII. Parteitag der KPdSU stattfand.

Zunächst wies Gilpatric auf die im Zusammenhang mit der Berlinkrise vorgenommene Stärkung der konventionellen Truppen der USA sowie ihrer Bündnispartner hin. Dann hob er die nukleare Überlegenheit der USA hervor; es bestehe keinerlei Rüstungslücke. Die USA verfügten für einen Vergeltungsschlag gegen die Sowjetunion über 600 schwere, mit Atombomben beladene Langstreckenbomber. Darüber hinaus stünden genügend nukleare Sprengköpfe für die ICBM vom Typ »Minuteman« sowie für die Nuklearraketen vom Typ »Polaris« auf U-Booten zur Verfügung. Die USA seien sich daher sicher, dass die Sowjetunion keinen nuklearen Angriff auf die USA wagen würde.

Auf die Rede Gilpatrics musste Chruschtschow allein schon aus innenpolitischen Gründen reagieren. Er ließ Verteidigungsminister Rodion Malinowski antworten, man habe vor dieser Drohung der USA keine Angst. Die Doktrin der Sowjetunion setze künftig auf Langstreckenraketen, das Land sei auf einen Nuklearkrieg vorbereitet. Diesen werde es trotz schwerer Verluste gewinnen. Der Westen hingegen würde den Krieg nicht überleben, und das würde das Ende des Kapitalismus bedeuten. Wie zur Unterstreichung dieser Aussagen testete die Sowjetunion am 30. Oktober 1961 auf der Insel Nowaja Semlja im Nordpolarmeer die angekündigte Wasserstoffbombe AN602 »Wanja« / »Zar« mit einer Sprengkraft von über 50 Megatonnen. Das war die bis heute stärkste jemals gezündete Wasserstoffbombe und zugleich die größte von Menschen verursachte Explosion.

Der Stellvertretende US-Verteidigungsminister Gilpatric (1906–1996)

Die Berlin-Krise hatte gezeigt, dass die Strategie der massiven Vergeltung einer dringenden Korrektur bedurfte. Eine über eine Blockade der Stadt hinausgehende Bedrohung konnte nicht länger automatisch mit einem massiven Nuklearschlag beantwortet werden. Im Dezember 1961 machte McNamara dem NATO-Rat auf einer Sitzung in Paris klar, dass kleinere Aggressionen der Sowjetunion nicht mehr allein mit dem Einsatz von Atomwaffen beantwortet werden sollten. Zur Erweiterung der Reaktionsmöglichkeiten sei daher eine Vergrößerung der konventionellen Streitkräfte erforderlich.

Während der NATO-Tagung in Athen im Mai 1962 brachte der US-amerikanische Verteidigungsminister sogenannte *nuclear guidelines* ein. Diese Richtlinien sahen im Fall eines sowjetischen Angriffs mit Nuklearwaffen zwar auch weiterhin eine mögliche nukleare Antwort vor. Doch sollte diese lediglich in dem Maße erfolgen, das den »Umständen angemessen« war. Einem Angriff mit konventionellen Waffen sollte künftig nur dann mit nuklearen Waffen begegnet werden, wenn dies unbedingt erforderlich war. Es handelte sich um die ersten Ideen zu einer neuen Doktrin, der *flexible response* (›flexiblen Antwort‹). Die westeuropäischen Verbündeten befürchteten jedoch nun, die USA

Justizminister Robert F. Kennedy (1925–1968, l.), der Bruder des Präsidenten, hegte eine persönliche Aversion gegen Castro und das sozialistische Kuba.

wollten ihnen den nuklearen Schutz entziehen. Allerdings richtete sich das US-amerikanische sicherheitspolitische Interesse nicht allein auf Berlin, denn das benachbarte, von Castro diktatorisch regierte Kuba gab ebenfalls Anlass zur Sorge.

Operation »Mongoose«

Robert Kennedy war ohne Zweifel der engste Vertraute und Berater seines Bruders. Schon Anfang April 1961 hatte er den Präsidenten gewarnt, ein eventuelles Scheitern in der »Schweinebucht« dürfe nicht zur Rückkehr zum Status quo ante führen. Kuba könne ansonsten zu einem Waffenarsenal Chruschtschows werden. Wenn die USA verhindern wollten, dass die Sowjetunion eines Tages Raketenstellungen auf der Insel errichtete, müsse bereits jetzt entschieden werden, was dagegen zu tun sei. Ein angeblicher Angriff der kubanischen Luftwaffe auf den US-Stützpunkt Guantánamo Bay, so regte er an, könne als Vorwand zu einer bewaffneten US-amerikanischen Aktion gegen Kuba dienen.

Eine NSC-Sitzung am 27. April 1961 zeigte die Bereitschaft beider Kennedy-Brüder – abgesehen vom generellen Sicherheitsbedürfnis der USA –, Castro für die erlittene Erniedrigung in der »Schweinebucht« zu bestrafen. Der Präsident wies McNamara an, einen militärischen Plan zum Sturz Castros ausarbeiten zu lassen. Er fügte allerdings hinzu, dies bedeute noch nicht, dass eine solche militärische Aktion auch wahrscheinlich sei. In der Folgezeit entwickelte das Verteidigungsministerium für ein militärisches Vorgehen gegen Kuba einen Operationsplan. Dieser »OPLAN 314/316« sah als ersten Schritt weit über 1000 Luftangriffe gegen die kubanische militärische Infrastruktur vor.

Bei einem weiteren Treffen des NSC Anfang Mai 1961 entschied der Präsident, die amerikanische Außenpolitik gegenüber Kuba ebenfalls auf den Sturz Castros auszurichten. Eine militärische Intervention sei zurzeit nicht sinnvoll, doch gelte es nichts zu unternehmen, was eine solche in der Zukunft ausschließen würde. Die von der CIA vorgeschlagene erneute Aufstellung einer exilkubanischen Freiheitsbrigade stieß bei Kennedy verständlicherweise auf Widerstand. Der Aufnahme kubanischer Freiwilliger in die amerikanischen Streitkräfte stimmte er hingegen zu. Die CIA plante indessen neue Aktivitäten zur Schwächung des Castro-Regimes. Zunächst galt es, Informationen zu sammeln. Dann sollten Sabotageakte gegen ausgewählte Ziele durchgeführt und bestehende Guerillagruppen unterstützt werden. Zudem könne versucht werden, kubanisches Führungspersonal zum Abfall von Castro zu bewegen.

Botschafter Kudryawtsew warnte den kubanischen Diktator im Juni 1961, es gebe geheime Informationen, dass externe Konterrevolutionäre sowie die CIA beabsichtigten, führende Angehörige der kubanischen Regierung zu ermorden. Tatsächlich war die CIA in solche Mordpläne verwickelt, wie eine Senatsuntersuchung aus späterer Zeit belegte. Der Botschafter überreichte Castro eine vom sowjetischen Geheimdienst zusammengestellte Liste mit Namen und Details beabsichtigter Aktionen. Castro zeigte sich von der Warnung Kudryawtsews nur wenig überrascht. Dass die Amerikaner Anschläge planten, so gestand er dem Botschafter, stelle für ihn keine Neuigkeit dar. Er nehme an, die USA suchten durch eine Ermordung der wichtigsten Führer Kubas Chaos zu

Sergei Kudryawtsew (1915–1998) war von 1960 bis 1962 sowjetischer Botschafter in Havanna, Aufnahme November 1969.

erzeugen, um daraufhin ein weiteres Landungsunternehmen durchzuführen. Er versprach dem sowjetischen Botschafter, den Schutz der kubanischen Führung zu verstärken. Die ihm überreichten Informationen wolle er sorgfältig überprüfen lassen. Solche Akte des Terrorismus, so fügte Castro noch hinzu, würden schließlich auf deren Drahtzieher zurückfallen.

Dem frustrierten und ungeduldigen Robert Kennedy ging alles viel zu langsam. Er beklagte in einem Memorandum an seinen Bruder, dass die Angelegenheit Kuba versande. Niemand habe Castro etwas entgegenzusetzen. Nur wenige Politiker seien zurzeit dafür, amerikanische Truppen zu entsenden, obgleich dies vielleicht die richtige Antwort sei. Doch zu einem militärischen Vorgehen gegen Kuba war der Präsident nicht bereit. Dafür ordnete er am 4. November 1961 eine Operation mit dem Decknamen »Mongoose« an. Sie sollte den oppositionellen Kubanern mit verdeckten Aktionen helfen, Castro zu stürzen. Zur Überwachung und Kontrolle von »Mongoose« ließ er die *Special Group Augmented* (SGA) bilden. Ihr gehörten neben Robert Kennedy die Generale Taylor und Lemnitzer an. Die Leitung einer Arbeitsgruppe zur Entwicklung detaillierter Pläne übernahm Brigadegeneral Edward Lansdale, der sich bei der Niederschlagung von Aufständen auf den Philippinen bereits einen Namen gemacht hatte. Alle Aktionen von »Mongoose« sollten von auf der Insel lebenden Kubanern durchgeführt werden, ohne frühere Anhänger Batistas oder kommunistische Kubaner einzubeziehen.

Schon bald erkannte die SGA, dass ein Aufstand in Kuba ohne direkte militärische Intervention der USA nicht erfolgreich sein konnte. Um oppositionelle Kubaner überhaupt zu einem Aufstand zu veranlassen, bedurfte es einer eindeutigen Zusage amerikanischer Unterstützung. Die Richtlinien für »Mongoose« erhielten deshalb von General Taylor im März 1962 einen Zusatz. Dieser unterstrich, dass ein nachhaltiger Erfolg von »Mongoose« einer militärischen Intervention der USA bedürfe. Einheimische kubanische Kräfte könnten allenfalls zur Vorbereitung, Begründung und Erleichterung einer solchen Intervention dienen.

Die JCS erstellten auf Bitte von General Lansdale eine Liste mit möglichen Vorwänden für eine solche Intervention. Zu diesen Vorwänden zählten ein angeblicher kubanischer Angriff auf Guantánamo Bay sowie angebliche Mordversuche des Castro-Regimes an Exilkubanern in Florida. Auch angebliche terroristische Bombenanschläge in New York oder Washington sowie eine reale oder nur simulierte Versenkung eines Flüchtlingsbootes ließen sich nutzen. Als ein besonders geeigneter Vorwand galt der Abschuss eines Passagierflugzeuges durch die kubanische Luftwaffe. Eine solche Maschine könnte für den fingierten Abschuss ohne Passagiere und Crew fliegen und elektronisch gesteuert werden.

Alle diese Provokationsvorschläge kamen jedoch nie zum Einsatz. Der Präsident machte erneut deutlich, dass er in absehbarer Zukunft keine amerikanischen Streitkräfte für eine Operation gegen Kuba einsetzen wollte. Aus seiner Sicht verbot sich ein solcher Angriff schon deshalb, weil das amerikanische Ansehen in Lateinamerika und weltweit dadurch Schaden nehmen würde. Gegenüber General Lemnitzer betonte er zudem, die USA könnten die vier für eine militärische Intervention auf Kuba notwendigen Divisionen nicht entbehren, denn sie würden eventuell in Berlin oder anderswo benötigt. Im April 1962 machten auch die Minister McNamara und Rusk der SGA noch einmal klar, dass der Präsident keine militärische Lösung wünschte.

Inzwischen hatte die CIA unter ständigem Druck von Robert Kennedy mit »Mongoose« die größte Geheimdienstoperation ihrer Geschichte gestartet. Der Geheimdienst errichtete dazu in Miami ein Hauptquartier für 600 Mitarbeiter. Tausende von Exilkubanern wurden für Propaganda- und Sabotageakte angeworben. Zudem kaufte oder mietete die CIA Marinas, Boote und kleinere Flugzeuge. Die Regierung stellte dazu einen Etat von über 50 Millionen Dollar zur Verfügung. In der Folge wurden praktisch alle bereits schon vor der Anlandung in der »Schweinebucht« angestellten Überlegungen zu verdeckten Aktionen wieder diskutiert. Größere Unternehmungen fanden jedoch nicht statt. Den von General Lansdale vorgelegten und immer wieder überarbeiteten Planungen mangelte es einfach an Realitätsbezug. Zwar gelang es, den Informationsfluss aus Kuba mithilfe von Exilkubanern, Diplomaten und Ausländern etwas zu verbessern. Doch der Wahrheitsgehalt dieser Mitteilungen erwies sich zumeist als unüberprüfbar. Vor allem aber gelang es nicht, trotz der auf der Insel durchaus bei kleineren Teilen der Bevölkerung vorhandenen Unzufriedenheit, eine nennenswerte Widerstandsbewegung oder neue Guerillaeinheiten in Kuba zu gründen. Kleine Teams von Exilkubanern richteten von Florida aus mit schnellen kleinen Booten hin und wieder Angriffe gegen die kubanische Infrastruktur. Dazu zählten Überfälle auf Ölraffinerien, Zuckermühlen und sogar vereinzelte Angriffe auf Handelsschiffe. Doch waren diese Sabotageakte allenfalls kleinere Nadelstiche.

So konnte es nicht überraschen, dass angesichts des ausbleibenden Erfolgs von »Mongoose« schließlich erneut Anschläge auf die Person Castros erwogen wurden. Ob der Präsident, wie die CIA-Mitarbeiter glaubten, davon wusste, konnte bis heute nicht ermittelt werden. Überlegungen zu einer Vergiftung Castros tauchten ebenso wieder auf wie die Idee, die Mafia dafür ins Spiel zu bringen. Diese hatte durch die Verstaatlichung auf Kuba viele Spielcasinos und Hotels sowie einen angenehmen Zufluchtsort für führende Mafiosi vor der US-Justiz verloren. Diesmal sollte das Gift nicht allein Castro, sondern auch dessen Bruder Raúl sowie »Che« Guevara eliminieren. Geld für vergiftete Pillen war bereits geflossen, als der Plan doch noch scheiterte, weil einem kubanischen Mitwirkenden das Risiko zu groß erschien.

Castro (l.) und sein enger Vertrauter »Che« Guevara (1928–1967). Der argentinische Arzt hatte sich Castros Guerillakämpfern in Mexiko angeschlossen und entwickelte sich nach der Landung in Kuba zu einem wichtigen militärischen Anführer. Nach Abschluss der Kämpfe sorgte er als Industrieminister u. a. für die Verstaatlichung der amerikanischen Unternehmen.

Ein weiterer, geradezu irrwitzig anmutender Anschlagsplan auf Castro sollte mithilfe des Anwalts James B. Donovan ausgeführt werden. Dieser hatte mit der Sowjetunion über die Freilassung des U-2-Piloten Powers verhandelt und in den USA den russischen Agenten Rudolf Abel verteidigt. Im Februar 1962 war es ihm gelungen, einen Austausch von Powers gegen Abel zu erreichen. Donovan beriet inzwischen unentgeltlich das Komitee der Familienangehörigen der in der »Schweinebucht« in Gefangenschaft geratenen Exilkubaner. Deshalb flog er häufiger nach Havanna, um persönlich mit Castro über die Bedingungen ihrer Freilassung zu verhandeln. Die CIA wollte Donovan zwei Geschenke für Castro mitgeben, von dem bekannt war, dass er gern im Meer schnorchelte. Zum einen handelte es sich um einen Neoprenanzug, der von der CIA mit einem gefährlichen Hautpilz versehen worden war, zum anderen um einen mit Tuberkulosebakterien versehenen Schnorchel. Donovan weigerte sich jedoch, derartige Geschenke zu überreichen.

Im April 1962 führten die USA mit »Lantphibex 1–62« eines ihrer bisher größten Manöver im atlantisch-karibischen Raum durch. Dabei kamen über 80 Einheiten der US Navy mit zusätzlichen 300 Flugzeugen sowie 40 000 Mann zum Einsatz. Den Kern des Manövers bildeten zwei Landungsübungen, die im Beisein des Präsidenten sowie seines iranischen Staatsgastes, Schah Mohammad Reza Pahlavi, am Onslow Beach in North Carolina stattfanden. Eine Landungsübung dieser Größenordnung konnte weder in der Sowjetunion noch in Kuba dazu angetan sein, die Befürchtungen über eine bevorstehende militärische Invasion der Insel durch die USA zu zerstreuen.

Mitte Juli 1962 berichtete General Lansdale der SGA, elf kleine Guerillagruppen seien erfolgreich nach Kuba eingeschleust worden. In Pinar del Rio umfasse eine Gruppe angeblich sogar über 250 Personen. General Taylor erklärte dem Präsidenten im August jedoch erneut, ein Sturz des Castro-Regimes sei ohne ein militärisches Eingreifen der USA nicht

Präsident Kennedy und sein Gast Schah Pahlavi (1919–1980) beobachten im April 1962 ein amphibisches Landungsmanöver der US Marines am Onslow Beach in North Carolina, das ohne Zweifel eine Drohgebärde gegen Kuba war.

zu erreichen. Kennedy genehmigte aber weiterhin nur verdeckte Aktionen. Am 4. Oktober beschäftigte die Operation »Mongoose« erneut die SGA. Robert Kennedy teilte ihr mit, der Präsident sei besorgt über den mangelhaften Fortschritt des Programms. Er wünsche einen Vorrang für Sabotageakte. Die SGA vereinbarte, neue Überlegungen zur Verminung kubanischer Häfen und zur Entführung kubanischer Soldaten, die man befragen wollte, anzustellen. Solche Überlegungen unterstrichen, wie weit sich die Einschätzungen der Erfolgsaussichten von »Mongoose« bereits von der Realität in Kuba entfernt hatten.

Am 15. Oktober 1962 begann auf der zu Puerto Rico gehörenden Insel Vieques eine weitere große amerikanische Landungsübung mit dem Decknamen »Phibriglex-62«. Am selben Tag fand in Washington ein Jahresrückblick zu »Mongoose« statt. Robert Kennedy kam zu dem Schluss, dass die bisherigen Bemühungen es nicht vermocht hätten, den Lauf der Dinge in Kuba zu verändern. Es seien lediglich einige kleinere Erfolge erzielt und die Informationsmenge aus Kuba gesteigert worden. Allen weiteren Überlegungen und Planungen zu subversiven Aktivitäten auf der Insel bereiteten allerdings die am nächsten Tag eintreffenden Fotos eines U-2-Aufklärungsfluges über Kuba ein – vorläufiges – Ende.

➚ Präsentation der nuklearen Mittelstreckenrakete (MSR) R-12 »Dwina« (NATO-Bezeichnung: SS-4 »Sandal«) auf einer Militärparade in Moskau, Mai 1960

5 Operation »Anadyr«

Waffen, Ausbildung und Nuklearraketen

Nach der gescheiterten Anlandung in der »Schweinebucht« lag es im dringenden Interesse der Sowjetunion, die USA von einer direkten militärischen Intervention in Kuba abzuhalten. In der westlichen Hemisphäre gab es keinen Staat, der ihrer eigenen Ideologie so nahestand wie Kuba. Zudem lag die karibische Insel strategisch günstig in unmittelbarer Nähe zu den USA, zum Panamakanal sowie zu den mittel- und südamerikanischen Staaten. Die Sowjetunion begann daher Mitte 1961, die kubanischen Streitkräfte mit Waffen und Material aufzurüsten. Die dazu notwendige Ausbildung kubanischer Soldaten übernahmen Angehörige der sowjetischen Streitkräfte, von denen sich im März 1962 etwa 300 auf der karibischen Insel befanden.

Im April des Jahres entsprach die Sowjetunion, nicht zuletzt unter dem Eindruck der großen amerikanischen Landungsmanöver, der Bitte Castros um eine Ausstattung der kubanischen Armee mit moderneren

Wartung bzw. Zusammenbau einer nuklearen Mittelstreckenrakete der USA vom Typ »Jupiter«

Waffen. Deren Lieferung nach Kuba begleitete ein weiteres Kontingent von etwa 650 Angehörigen der sowjetischen Streitkräfte. Für die USA stellten diese Soldaten samt den von ihnen mitgebrachten Waffen allerdings noch keine ernsthafte militärische Bedrohung dar. Grundlegend anders lag die Sache allerdings bei einer Stationierung von Nuklearraketen.

Während eines Besuches in Bulgarien im Mai 1962 wurde Chruschtschow auf die in der Türkei stationierten US-amerikanischen Mittelstreckenraketen (MRBM) aufmerksam gemacht. Diese Raketen vom Typ »Jupiter« befanden sich in der Region um Izmir und verfügten über

eine Reichweite von ca. 2400 Kilometern. Weitere Raketen dieses Typs hatten die USA im italienischen Gioia del Colle bei Bari stationiert. Außerdem verfügte die Royal Air Force in Großbritannien über amerikanische MRBM vom Typ »Thor« mit einer Reichweite von ca. 2400 Kilometern. Die zu den Raketen gehörenden nuklearen Sprengköpfe befanden sich auf einigen ihrer Flugplätze, allerdings unter amerikanischer Kontrolle. Die in den drei NATO-Staaten stationierten amerikanischen Raketen konnten einen größeren Teil des sowjetischen Territoriums erreichen. Sie vermochten von dort aus 46 Großstädte, darunter Moskau, sowie alle Länder des Warschauer Pakts zu treffen. Im Gegensatz

Sowjetische Waffenlieferungen an Kuba im Rahmen der Operation »Anadyr«

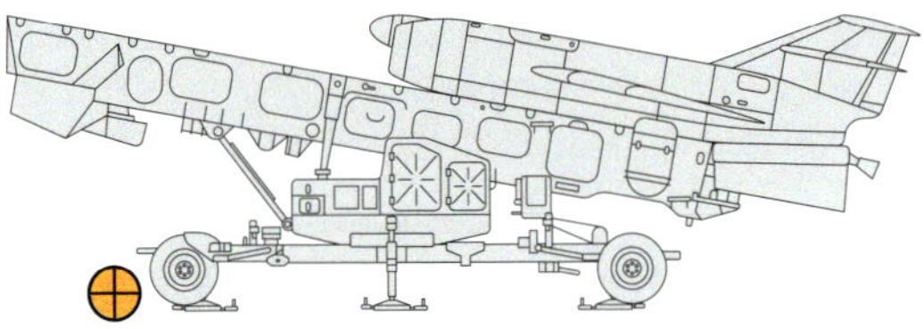

Landgestützter Seezielflugkörper S-2 »SOPKA«
(NATO-Bezeichnung: SS-C-2B »SAMLET«)

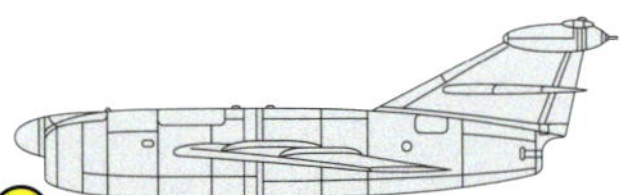

Marschflugkörper FKR-1
(NATO-Bezeichnung: SS-C-2A »SALISH«)

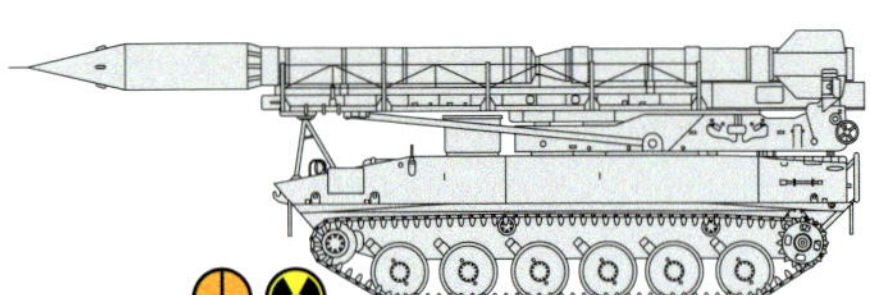

Boden-Boden-Kurzstreckenrakete 2K6 »LUNA«
(NATO-Bezeichnung: »FROG-3«)

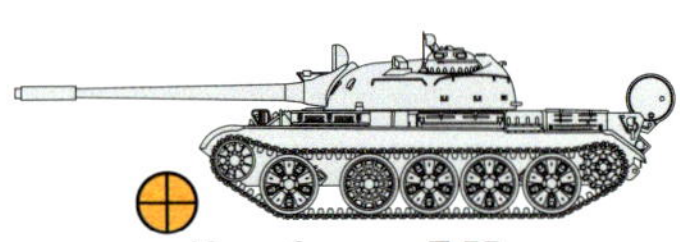

Kampfpanzer T-55

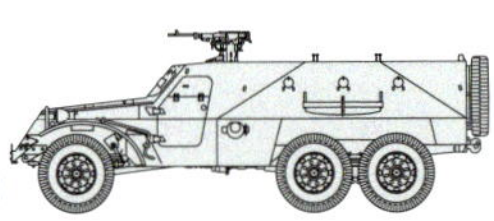

Schützenpanzerwagen BTR-152

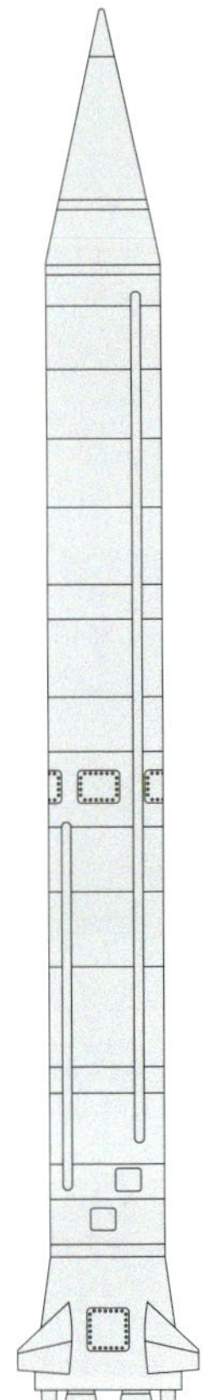

Nukleare Mittelstreckenrakete R-12 »DWINA«
(NATO-Bezeichnung: SS-4 »SANDAL«)

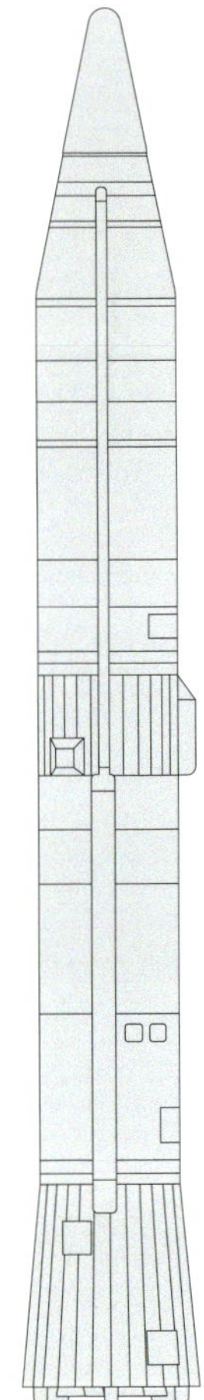

Nukleare Mittelstreckenraket R-14 »USOWAJA«
(NATO-Bezeichnung SS-5 »SKEAN«)

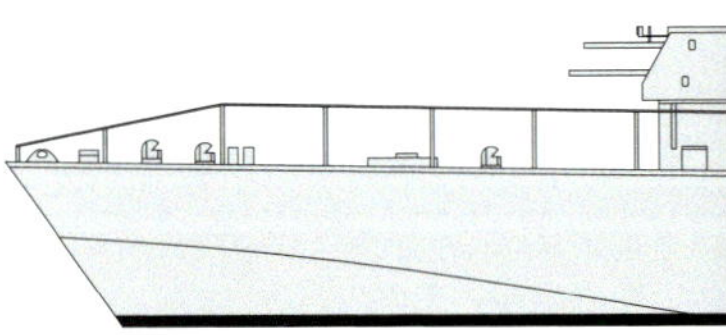

Alle Zeichnungen im Maßstab 1 : 200

Konventionelle Munition/Gefechtsköpfe

Nukleare Munition/Gefechtsköpfe

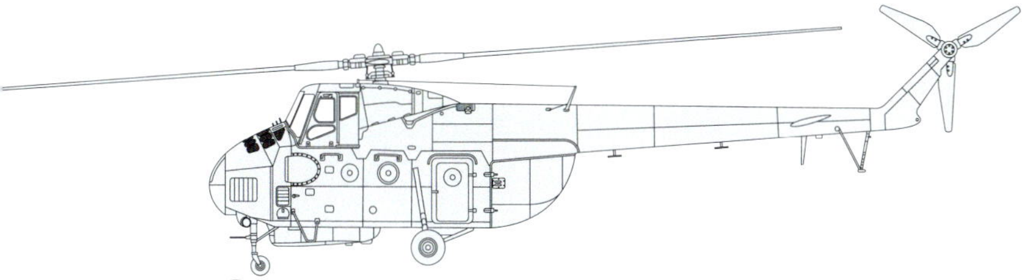

Transport-/Kampfhubschrauber Mil Mi-4
(NATO-Bezeichnung: »HOUND«)

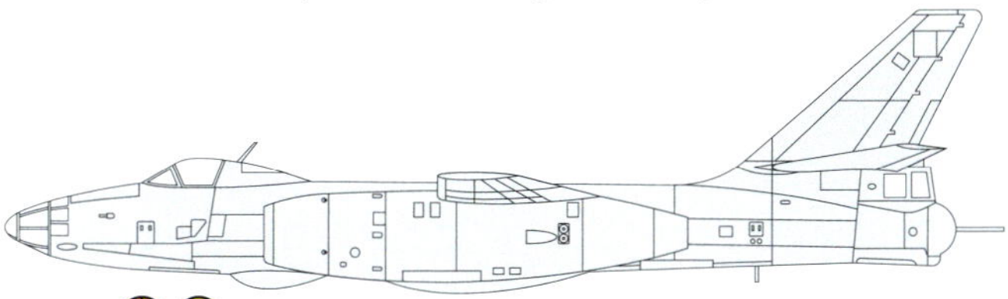

Mittleres Bombenflugzeug Ilyushin Il-28
(NATO-Bezeichnung: »BEAGLE«)

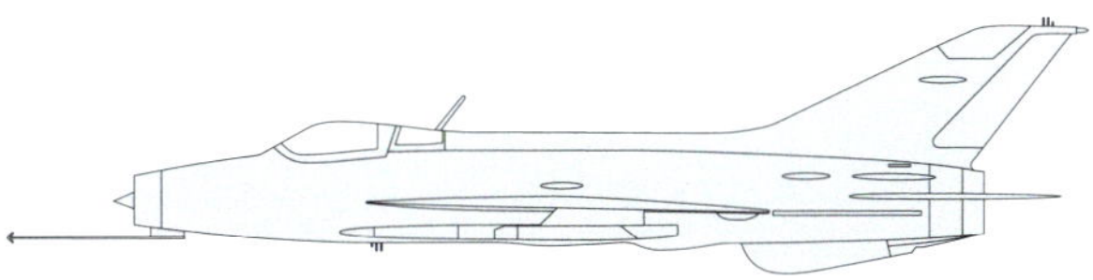

Jagdflugzeug Mikojan-Gurewitsch MiG-21
(NATO-Bezeichnung: »FISHBED«)

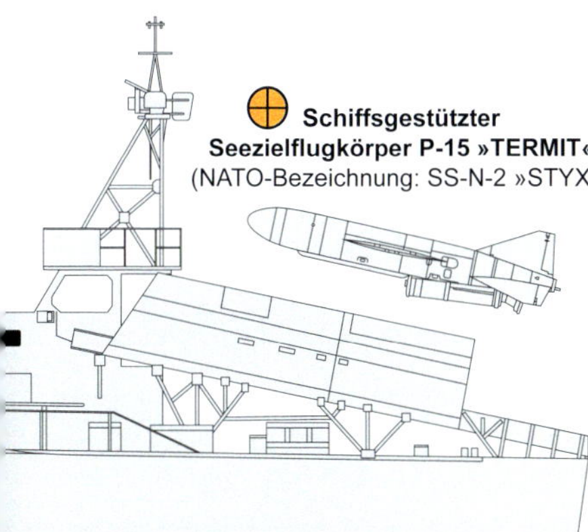

Schiffsgestützter Seezielflugkörper P-15 »TERMIT«
(NATO-Bezeichnung: SS-N-2 »STYX«)

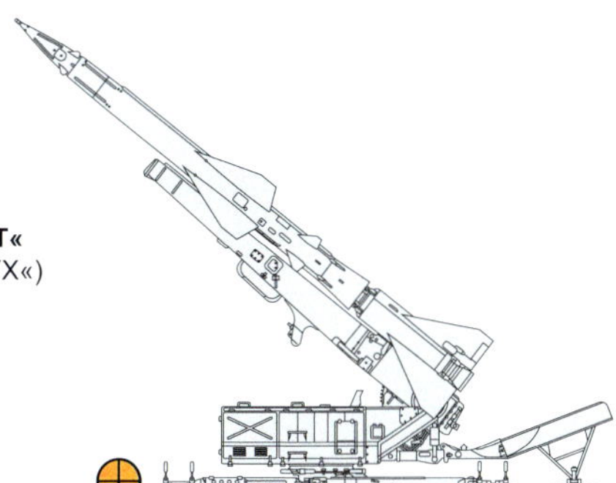

Flugabwehrrakete S-75 »DWINA«
(NATO-Bezeichnung: SA-2 »GUIDELINE«)

Flugkörperschnellboot Projekt 183R
(NATO-Bezeichnung: »KOMAR«-Klasse)

dazu bedrohten die Mittelstreckenraketen der Sowjetunion zwar ganz Mittel- und Westeuropa, vermochten amerikanisches Territorium jedoch nicht zu erreichen.

Chruschtschow sah am Beispiel der Jupiterraketen in der Türkei, dass die USA offensichtlich keine Bedenken hatten, nukleare Waffen außerhalb des eigenen Landes bei ihren Bündnispartnern aufzustellen. Das führte ihn zu der Überlegung, sowjetische Mittelstreckenraketen und Mittelstreckenraketen mit größerer Reichweite auf Kuba zu stationieren. Von der karibischen Insel ließen sich mit ihnen praktisch alle möglichen Ziele in den USA erreichen. Eine solche Stationierung konnte aus sowjetischer Sicht dazu beitragen, die eigene Unterlegenheit auf dem Gebiet der Interkontinentalraketen zu verringern und auf diese Weise ein gewisses Gleichgewicht der nuklearen Kräfte herzustellen. Zudem würde das Vorhandensein offensiver Waffen die USA mit Sicherheit von einer Invasion Kubas abhalten. Mit einer militärischen Reaktion rechnete Chruschtschow aufgrund des aus seiner Sicht schwachen Verhaltens Kennedys während der Operation in der Schweinebucht nicht.

Am 21. Mai berief Chruschtschow den Verteidigungsrat der Sowjetunion ein. Er trug dem Gremium seine Überlegungen vor und erhielt dessen Zustimmung. Wenige Tage später legte der Generalstab dem Verteidigungsrat einen Plan zur Verlegung von MRBM und IRBM nach Kuba vor. Dieser Plan fand nach längeren Diskussionen nicht nur die Zustimmung des Verteidigungsrats, sondern vor allem auch des Präsidiums der KPdSU. Daraufhin begann der Generalstab mit den Vorbereitungen zur Operation »Anadyr«. Als Deckname diente der Name eines in das Beringmeer mündenden ostsibirischen Flusses.

Zunächst galt es, Castro für die Idee der Stationierung dieser Raketen in seinem Land zu gewinnen. Dazu flog Ende Mai eine als Landwirtschaftskommission getarnte Delegation unter Führung von Agrarminister Scharaf Raschidow nach Kuba. Um die Zustimmung Castros bemühten sich zwei hochrangige Offiziere: der Chef der sowjetischen strategischen Raketenstreitkräfte, Marschall Sergej Birjusow, und der stellvertretende Generalstabschef, Generaloberst Semjon Iwanow. Tatsächlich bedurfte es keiner großen Überredungskünste, um die Einwilligung Castros zur Stationierung der Raketen zu erlangen, wobei dessen wahres Motiv für die Zustimmung unklar blieb. Wenige Tage, nachdem die Delegation nach Moskau zurückgekehrt war, traf am 10. Juni 1962 das Präsidium der KPdSU zusammen und nahm erfreut deren Bericht entgegen. Sodann erläuterte Verteidigungsminister Malinowski der Parteiführung den inzwischen vom Generalstab erarbeiteten Entwurf zur größten geheimen Militäroperation der Sowjetunion während des Kalten Krieges.

»Anadyr« sah zum einen die Stationierung von 24 MRBM des Typs R-12 (NATO-Bezeichnung: SS-4 »Sandal«) auf Kuba vor. Diese einstufigen ballistischen Raketen mit einem Flüssigkeitstriebwerk hatten eine Reichweite von ca. 2000 Kilometern. Zum anderen sollten 16 IRBM des Typs R-14 (NATO-Bezeichnung: SS-5 »Skean«) aufgestellt werden, die über eine Reichweite von 4500 Kilometern verfügten. Der Nuklearsprengkopf jeder Rakete besaß die Sprengkraft von einer Megatonne, was in etwa der Sprengkraft von 66 Hiroshimabomben entsprach. Zwei Regimenter mit jeweils 80 nuklearen Kurzstreckenraketen vom Typ FKR-1 (NATO-Bezeichnung: SS-C-2A »Salish«) mit einer Reichweite von ca. 180 Kilometern sollten die Küstenverteidigung der Insel verstärken. Jede dieser Raketen verfügte über eine Sprengkraft von zwischen 5,6 und 12 Kilotonnen. Zwölf Flugkörperschnellboote vom Typ 183R (NATO-Bezeichnung: »Komar«-Klasse) konnten zur Schiffsbekämpfung jeweils zwei Raketen mit konventionellen Sprengköpfen mit einer Reichweite von ca. 50 Kilometern verschießen.

Die Castro bereits zu einem früheren Zeitpunkt zugesagte Lieferung von Einheiten des Luftabwehrsystems S-75 »Dwina« hatte sich verzögert. Es gelangten im Sommer zunächst nur Teile des Systems nach Kuba. Deshalb wurden sie für »Anadyr« von vier auf zwölf Einheiten mit 114 Raketen aufgestockt. Aus Sicht Chruschtschows kam diesen Raketen für den Erfolg der Operation eine ganz besondere Bedeutung zu. Castro hätte den Plan der Stationierung der MRBM am liebsten sogleich öffentlich gemacht, doch Chruschtschow bat ihn ausdrücklich, damit noch zu warten. Die USA, so ließ er Castro wissen, sollten die Stationierung der MRBM auf Kuba möglichst erst dann entdecken, wenn diese bereits einsatzbereit seien. Bis November des Jahres sollte es so weit sein, dann wollte Chruschtschow persönlich die Stationierung vor den Vereinten Nationen in New York verkünden.

Die erwünschte Geheimhaltung hätten amerikanische Aufklärungsflüge mit Maschinen vom Typ von U-2 gefährden können, da Kuba über keine in deren Flughöhe reichende Luftabwehr verfügte. Nur das System S-75 »Dwina« war in der Lage, die Überflüge der U-2 und somit eine frühzeitige Entdeckung der sowjetischen MRBM zu unterbinden. Auf Chruschtschows Anordnung wurde das Luftabwehrsystem deshalb im Transportplan vorgezogen und eingeschifft. Darüber hinaus sah »Anadyr« den Transport von vier motorisierten Regimentern mit insgesamt 10 000 Mann vor. Dazu gehörten zwei Panzerregimenter, die jeweils mit dem neuen Panzer T-55 ausgestattet waren. Diese Kräfte schienen erforderlich, falls sich die sowjetischen Truppen gegen einen amerikanischen Angriff auf Kuba verteidigen müssten.

Kurzfristig fügte Chruschtschow persönlich dem geplanten Transport noch einige Waffen hinzu. Dazu gehörten drei Einheiten mit taktischen nuklearen Kurzstreckenraketen vom Typ 3R9 Luna-1 (NATO-Bezeichnung: »Frog-3«). Diese konnten zur Unterstützung von Bodenkämpfen nukleare Sprengköpfe von zwei Kilotonnen Sprengkraft über

Die sowjetische Flugabwehrrakete S-75 »Dwina« hatte bereits beim Abschuss der U-2 von Powers über der Sowjetunion im Mai 1960 bewiesen, dass sie Flugzeuge selbst in Höhen von 20 000 Metern erreichen konnte.

eine Distanz von ca. 40 Kilometern verschießen. Hinzu kamen noch 42 zweistrahlige IL-28-Bomber (NATO-Bezeichnung: »Beagle«). Zur Verstärkung der Luftverteidigung wurden außerdem einige MiG-21 (NATO-Bezeichnung: »Fishbed«) verladen. Diese Maschinen waren zu diesem Zeitpunkt die modernsten sowjetischen Jagdflugzeuge. Insgesamt sah die Operation »Anadyr« vor, über 40 000 Angehörige der sowjetischen Streitkräfte nach Kuba zu bringen.

»Maskirowka«

Die aus fünf Regimentern bestehende Raketendivision mit den Nuklearwaffen musste von der Sowjetunion auf dem Seeweg in ein über 10 000 Kilometer entferntes Land verlegt werden. Somit bedurfte es neben absoluter Geheimhaltung der Planung und Durchführung auch einer besonderen Tarnung. Diese erfolgte ganz in der Tradition der »Maskirowka«, einer seit Beginn des 20. Jahrhunderts gepflegten sowjetischen Militärdoktrin der militärischen Tarnung und Täuschung. Deshalb verzichteten die Sowjets schon bei der Planung der Operation auf schriftliche Befehle. Die Beschlüsse in der Präsidiumssitzung vom 10. Juni protokollierte ein General nur in einem handschriftlichen Exemplar. Alle zur Vorbereitung notwendigen Anweisungen überbrachten Kuriere den jeweils zuständigen Vorgesetzten mündlich. Der sowjetische Geheimdienst KGB überprüfte jeden einzelnen Teilnehmer der Operation vorher auf politische Zuverlässigkeit und etwaige Schwächen. Dies führte zu einem Austausch von etwa 1000 Mannschaftssoldaten und Unteroffizieren sowie von 500 Offizieren.

Der Deckname »Anadyr« legte bewusst eine falsche Fährte in Richtung Sibirien. Die Soldaten und Zivilangestellten erfuhren nicht, wohin ihr Einsatz ging. An sie wurden Winterbekleidung und Skier ausgegeben. Auf Kuba tarnten sich viele sowjetische Soldaten schließlich mit den vom Stoff her besser für die Hitze geeigneten Khakiuniformen der kubanischen Armee.

Den Kameras der Aufklärer der NATO sowie der USA sollten selbst bei Überflügen auf hoher See keine Verdachtsmomente geboten werden. Deshalb durften sich die an Bord befindlichen Soldaten während der 15 bis 20 Tage dauernden Überfahrten jeweils nur für wenige Minu-

Operation »Anadyr«, Stationierung sowjetischer Waffen in Kuba

ten in der Nacht auf dem Oberdeck aufhalten. Für den Transport standen etwa 80 Schiffe der sowjetischen Marine und Handelsflotte zur Verfügung, die teilweise Kuba mehrfach anliefen. Auf ihren Oberdecks standen unauffällige Maschinen und Fahrzeuge für die Landwirtschaft, während die MRBM und anderes militärisches Material gut versteckt und festgezurrt in den Laderäumen lagen. Alle Unterlagen zu Führungs- und Gefechtsstrukturen verblieben in den Heimatstandorten. Dass ihr Ziel Kuba war, konnten die Kapitäne der Schiffe den versiegelten Anweisungen erst auf dem Atlantik und im Beisein eines KGB-Offiziers entnehmen.

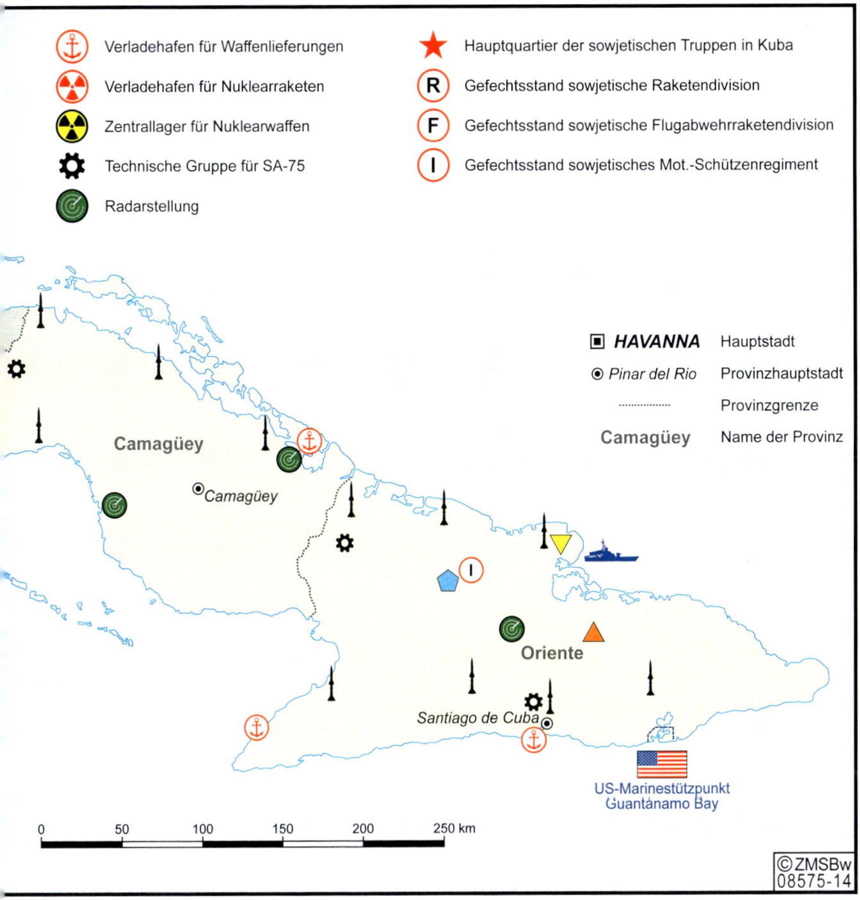

In der Sowjetunion wurden Regimenter, Raketen, Sprengköpfe sowie die dazugehörigen Tonnen von Material immer nachts mit zahllosen Eisenbahnzügen in die acht Verschiffungshäfen am Schwarzen Meer, an der Ostsee und an der Barentssee gebracht. Das erste Schiff mit einer Ladung für die Raketen erreichte den kubanischen Hafen Casilda am 9. September. Dort entlud man die sowjetischen Schiffe, wie in allen kubanischen Häfen, grundsätzlich nur bei Nacht. Damit niemand das ausgeladene Material zu sehen bekam, wurden Sichtsperren errichtet und die Einwohner in der Nähe der Piers liegender Häuser vorübergehend ausquartiert. Schwierigkeiten bereitete der Transport der immerhin 22 Meter langen, mit Planen abgedeckten Raketen sowie des schweren Materials ins Landesinnere. Er erfolgte über schmale und zumeist schlechte Straßen und schließlich in die vorgesehenen Stellungen im Gelände. Auch diese Transporte der Raketen in die Einsatzräume fanden ausschließlich bei Nacht statt.

Die ursprüngliche Idee, die Soldaten in Erdhütten unterzubringen, erwies sich angesichts des Klimas und des Regens als undurchführbar. Deshalb wurden Zelte aufgestellt, deren Tarnung allerdings nicht leichtfiel. Dies galt ebenso für die Tarnung von Raketen, Abschussrampen, Treibstofftanks, Stromerzeugern und weiteren Materials, denn die mitgebrachten Tarnnetze hatten völlig andere Farben als die Vegetation auf der karibischen Insel. Die kubanischen Palmenwäldchen boten schon wegen des Abstandes zwischen den einzelnen Bäumen nicht die erhoffte Deckung.

Weil nicht sein kann, was nicht sein darf

Am 5. August überflog eine U-2-Maschine Kuba. Ihre Aufnahmen belegten erstmals den Beginn von Erdarbeiten für den Aufbau von Startrampen für das Luftabwehrsystem S-75 »Dwina«. CIA-Direktor John McCone zeigte sich darüber äußerst beunruhigt. Am 10. August fand eine Sitzung der SGA statt, an der auch die Minister McNamara und Rusk teilnahmen. Dabei warf McCone ironisch ein, die Stationierung eines so modernen und kostspieligen Luftabwehrsystems diene auf Kuba gewiss nicht dem Schutz von Zuckerrohrschneidern, sondern solle die Insel wohl gegen amerikanische Aufklärungsflüge abschirmen. Ein solcher Schutz aber sei aus seiner Sicht nur erforderlich, wenn eine Stationierung sowjetischer MRBM auf Kuba verborgen werden solle. Dem Präsidenten teilte McCone schriftlich mit, er glaube, auf der Insel würden Abschussrampen für offensive Raketen errichtet.

An der folgenden Sitzung des NSC am 17. August nahm auch Kennedy teil. Erneut äußerte der CIA-Direktor den Verdacht, die Sowjetunion stationiere MRBM auf Kuba. McNamara vertrat hingegen die Auffassung, es handele sich allenfalls um den Aufbau von Waffen zur Verteidigung. Mit seiner Einschätzung blieb McCone in der gesamten Führung der Regierung allein. Am 23. August wiederholte er sie noch ein-

CIA-Chef McCone (1902–1991), hier mit seiner künftigen Ehefrau, hielt als Einziger in der Administration Kennedys eine Stationierung sowjetischer Nuklearraketen auf Kuba für möglich, vermochte den Präsidenten allerdings nicht zu überzeugen.

mal im Weißen Haus im Beisein des Präsidenten – erneut ohne Wirkung. Die überwiegende Mehrheit der CIA-Mitarbeiter vertrat die Ansicht, da die Sowjetunion bisher noch nie nukleare Waffen außerhalb der Sowjetunion und des Warschauer Pakts stationiert habe, sei eine Stationierung auf Kuba unwahrscheinlich.

Ende August machte der CIA-Direktor, allerdings begleitet von einem CIA-Dechiffrierteam, eine dreiwöchige Hochzeitsreise nach Frankreich. Auch von dort sandte er seinem Stellvertreter, Generalleutnant Marshall Carter, Telegramme zu seinem Verdacht. Doch Carter hatte nicht vor, den Präsidenten, dessen Meinung ihm bekannt war, mit diesen Nachrichten weiter zu belästigen. Zur gleichen Zeit unternahm der republikanische Senator Kenneth Keating erste Attacken auf die

Kubapolitik des Weißen Hauses. Er äußerte die Vermutung, dass über 1000 sowjetische Soldaten auf Kuba seien, um Raketenstellungen zu errichten. Weitere prominente republikanische Senatoren schlossen sich Keatings Vorwürfen an. Sie warfen dem Präsidenten Schwäche vor und rieten zu drastischen Gegenmaßnahmen. Ihre Vorschläge reichten von einer Blockade bis zu einer Invasion Kubas.

Schon im Hinblick auf die im November des Jahres stattfindenden Wahlen für den Kongress sah sich Kennedy zu einer Reaktion gezwungen. Er lud für den 4. September eine kleine Delegation von demokratischen und republikanischen Mitgliedern des Kongresses ein, um sie über die sowjetischen Aktivitäten auf Kuba zu unterrichten. Im Beisein der Minister McNamara und Rusk versicherte der Präsident, Chruschtschow verstärke mit diesen Lieferungen lediglich die Verteidigungsfähigkeit Kubas. Am selben Tag traf Robert Kennedy mit dem so-

Dobrynin (1919–2010), seit April 1962 sowjetischer Botschafter in Washington, stellt sich nach seinem Amtsantritt den Fragen der US-amerikanischen Presse. Dobrynin behielt den Botschafterposten bis 1986.

wjetischen Botschafter Anatoli Dobrynin zusammen, den er privat häufiger zu treffen pflegte. Dabei erwähnte er die Sorgen seines Bruders über Kuba, doch der Botschafter beschwichtigte ihn. Er könne im Auftrag Chruschtschows versichern, auf Kuba würden weder Boden-Boden-Raketen noch andere offensive Waffen stationiert. Diese Aussage gab Robert Kennedy an seinen Bruder weiter.

Zur Beruhigung der US-amerikanischen Öffentlichkeit ließ der Präsident am selben Abend auf einer Pressekonferenz eine Erklärung verlesen. Auch darin betonte er, dass die Sowjetunion Kuba lediglich Waffen und Material zur Verteidigung überlasse. Darunter befänden sich Raketen zur Luftverteidigung mit dazugehörigem Radar und elektronischem Material. Zur Küstenverteidigung habe Kuba einige Torpedoboote mit Seezielflugkörpern erhalten, die allerdings nur über eine Reichweite von wenigen Meilen verfügten. Die für den Aufbau und die Einrichtung des gelieferten Materials erforderlichen 3500 sowjetischen Techniker seien entweder bereits anwesend oder befänden sich noch auf dem Weg nach Kuba. Für die Stationierung von Boden-Boden-Raketen, anderer Offensivwaffen oder sowjetischer Kampftruppen gebe es keinerlei Anhaltspunkte. Sollte dies dennoch der Fall sein, so fügte der Präsident warnend hinzu, betrachte er das als eine vitale Bedrohung US-amerikanischer Interessen. Öffentlichkeitswirksam reagierte Kennedy auf die republikanischen Vorwürfe, indem er den Kongress am 7. September um das Einverständnis zur Einberufung von 150 000 Reservisten bat. Diese US-amerikanische Maßnahme veranlasste Chruschtschow vier Tage später dazu, die gesamten sowjetischen Streitkräfte in Alarmbereitschaft zu versetzen.

Am 8. September gelang es China mit einer S-75 »Dwina«, eine U-2-Maschine abzuschießen, die Taiwan von der CIA überlassen worden war, worauf die Vereinigten Staaten ihre Aufklärungsflüge über Kuba bis zum 16. des Monats einstellten. Sollte eine U-2 über kubanischem Territorium abgeschossen werden, befürchtete man ähnlich negative außenpolitische Folgen wie nach dem Abschuss der U-2 über der Sowjetunion im Jahr 1960. Weitere Aufklärungsflüge durften schließlich nur noch in einem Abstand von 25 Meilen zur Küste Kubas durchgeführt werden. Soweit das Wetter und die Distanz das Erstellen von Bildern überhaupt zuließen, erfassten diese Flüge an der Peripherie der Insel lediglich die Errichtung weiterer Luftabwehrstellungen.

Am 19. September erstellte die CIA nach Auswertung aller vorliegenden Informationen eine Analyse des militärischen Aufbaus in Kuba. Die bisherigen sowjetischen Lieferungen, so das Ergebnis, dienten lediglich einer Verbesserung der desolaten kubanischen Luftabwehr sowie der Küstenverteidigung. Falls in Kuba dennoch offensive Waffen entdeckt werden sollten, hatte der Kongress den Präsidenten am 26. September ermächtigt, militärische Maßnahmen gegen Kuba zu ergreifen. Kennedy hoffte weiterhin, dass es zu solchen Maßnahmen nicht kommen werde, zumal es für ihn keine Anzeichen für die Stationierung solcher Waffen auf Kuba gab. Tatsächlich jedoch befanden sich die sowjetischen MRBM samt ihrer Nuklearsprengköpfe bereits auf der Insel.

Der Verdacht bestätigt sich

Als CIA-Direktor McCone Ende September 1962 von seiner Hochzeitsreise aus Frankreich zurückkam, stellte er mit Erschrecken fest: Seit dem 5. September hatte kein Aufklärungsflug mehr über dem Inneren Kubas stattgefunden. In einer sogleich anberaumten Sitzung der SGA machte er seinem Ärger Luft. Wiederholt hätten der Präsident oder Regierungsmitglieder öffentlich versichert, auf der Insel existierten keine sowjetischen Offensivwaffen. Er hingegen könne darüber keine endgültige Erklärung abgeben. Die U-2, so fügte er ironisch hinzu, hätten bisher auf Kuba nur deshalb nichts gefunden, weil sie die Insel gar nicht überflogen hätten. Dies werde er auch dem Präsidenten mitteilen.

Senator Keating verkündete am 10. Oktober, er besitze jetzt sichere Informationen über den Aufbau von sechs Abschussbasen für MRBM auf Kuba. Woher er diese Informationen hatte, bleibt bis heute offen. Kennedy stand nun so unter Druck, dass er seine Zustimmung zu einem Überflug der Insel gab. Am 14. Oktober startete Major Richard Heyser mit einer U-2 vom Luftwaffenstützpunkt Edwards in Kalifornien und überquerte am frühen Morgen des 15. Oktober Kuba. Danach landete er auf dem Luftwaffenstützpunkt McCoy in Florida.

Die von den Kameras belichteten Filmrollen transportierte ein bereitstehendes Flugzeug sogleich weiter nach Washington. Im NPIC machten sich die Spezialisten an die Auswertung. Das Ergebnis war eindeutig: In der Nähe des Ortes San Cristóbal befanden sich Abschussvorrichtungen für sowjetische MRBM vom Typ R-12 im Aufbau. Noch am selben Abend wurden McNamara und Bundy unterrichtet, doch Kennedys Sicherheitsberater Bundy beschloss, den Präsidenten nicht zu wecken, sondern erst am nächsten Morgen zu informieren.

↗ Das Foto einer U-2 belegte am 14. Oktober 1962 die beginnende Aufstellung von Abschussbasen auf Kuba für sowjetische nukleare Mittelstreckenraketen. In der Kennedy-Administration löste es einen Schock aus.

6 Balancieren am Abgrund

Lösungsvorschlag Luftangriff

Am Morgen des 16. Oktober unterrichtete Bundy den Präsidenten über die Entdeckung der MRBM auf Kuba. McCones schon länger gehegter Verdacht hatte sich also bestätigt. Als der wütende Kennedy von der Stationierung erfuhr, musste er erkennen, dass seine Warnungen gegenüber Chruschtschow wirkungslos geblieben waren. Die Sowjetunion hatte keineswegs nur defensive Waffen, sondern auch offensive Waffen auf die Insel gebracht. Alle beschwichtigenden Beteuerungen der Sowjetunion entpuppten sich als eklatante Lügen. Plötzlich stand die nukleare Bedrohung gleichsam vor der Haustür.

Vor dem Präsidenten lag jetzt die riskante Entscheidung, mit welchen Mitteln dieser Bedrohung zu begegnen war. Außerdem galt es, den richtigen Zeitpunkt für die Unterrichtung der US-amerikanischen Öffentlichkeit zu finden, denn schließlich hatten alle bisherigen Verlautbarungen seiner Regierung die Amerikaner in Sicherheit gewiegt. Zunächst stellte Kennedy ein kleines Beratungsgremium zusammen. Es erhielt die Bezeichnung *Executive Committee of the National Security Council* (ExComm). Ihm gehörten wichtige Minister, darunter auch sein Bruder, Justizminister Robert Kennedy, sowie eine Handvoll enger Mitarbeiter aus dem Weißen Haus an. Insgesamt umfasste das ExComm allein schon aus Gründen der Geheimhaltung lediglich 15 Personen, die manchmal wechselten. Das Gremium traf sich täglich, manchmal sogar mehrmals.

Am Mittag des 16. Oktober trat das ExComm erstmals im Oval Office des Weißen Hauses zusammen. Die entweder dort oder im Kabinettsraum stattfindenden Diskussionen zeichneten Tonbandgeräte auf, allerdings ohne Kenntnis der Anwesenden. Kennedy hatte diese Geräte bereits im Sommer für ein späteres Buchprojekt einrichten lassen und

Zusammenkunft des ExComm im Oval Office im Weißen Haus. Das Beratungsorgan des Präsidenten suchte einen Weg, die Sowjetunion zu einem Abzug ihrer Nuklearraketen von Kuba zu bewegen.

Kennedy holte den erfahrenen General Taylor (1901–1987) aus dem Ruhestand zurück. Zunächst arbeitete Taylor als Berater des Präsidenten im Weißen Haus und wurde dann zum »Chairman der Joint Chiefs of Staff« ernannt.

konnte sie per Knopfdruck von seinem Platz aus unauffällig einschalten. Zunächst erläuterten Mitarbeiter des NPIC die Aufklärungsfotos. Sie zeigten die im Bau befindlichen Startplätze, Flüssigkeitstanks, Spezialfahrzeuge und abgedeckte MRBM vom Typ R-12 in der Nähe des kleinen kubanischen Ortes San Cristóbal in der damaligen Provinz Pinar del Rio. Der Bauzustand der Abschussrampen deutete an, dass die Raketen frühestens in vierzehn Tagen einsatzbereit sein würden. Nukleare Sprengköpfe fanden sich auf den Bildern nicht; dass solche an einem geschützten Ort gelagert wurden, galt jedoch als sicher.

Generell hatten alle Anwesenden den Eindruck, von Chruschtschow erfolgreich getäuscht worden zu sein. Immer wieder fragte sich die Runde, was dieser mit der Stationierung wohl bezwecke. Es dominierte eine Art Revanchedenken; man verlangte nach dem Einsatz militärischer Mittel. Verteidigungsminister McNamara schlug einen schnellen und massiven Luftangriff auf die MRBM, die versteckten Lager der Sprengköpfe, die Flugplätze sowie auf die noch versteckten MiG-21 und IL-28 vor, bevor die MRBM einsatzbereit wären. Kennedy hatte seinen militärischen Berater General Taylor am 1. Oktober reaktiviert und zum Vorsitzenden der Oberbefehlshaber der Teilstreitkräfte, der JCS ernannt. Der General musste McNamara darauf hinweisen, dass auch Luftangriffe Zeit zur Vorbereitung benötigten. Zudem drohe den Piloten auf der Insel Gefahr durch die Raketen des inzwischen installierten sowjetischen Luftabwehrsystems. Luftangriffe könnten eine völlige Zerstörung aller MRBM keineswegs garantieren. Um nach einer erfolgreichen Zerstörung der Offensivwaffen eine Zuführung weiterer sowjetischer Waffen nach Kuba zu unterbinden, forderte General Taylor die Verhängung einer Blockade.

Lufttransporte nach Kuba waren für die Sowjetunion nicht möglich, denn Guinea und der Senegal hatten bereits auf amerikanischen Wunsch ihren Luftraum für die erforderlichen Zwischenlandungen sowjetischer Flugzeuge etwa in Conakry oder Dakar gesperrt. Kennedy wollte nicht zu viel Zeit mit Vorbereitungen verlieren: Aus seiner Sicht galt es zunächst, die MRBM mit einem präzisen Angriff aus der Luft auszuschalten. Danach könne ein weiterer Luftangriff auf die übrigen militärischen Einrichtungen auf der Insel folgen, und im Anschluss sei eventuell auch eine Invasion durchführbar. Der Präsident erteilte General Taylor den Auftrag, diese militärischen Optionen durch die JCS prüfen zu lassen. Als Einziger in der Runde schlug Sicherheitsberater Bundy vor, vielleicht doch auch diplomatische Schritte zu erwägen.

Bundy (1919–1996) war der nationale Sicherheitsberater des Präsidenten. Der ehemalige Professor der Universität Harvard galt als besonders talentierter Politikwissenschaftler.

In die zweite ExComm-Sitzung des Tages brachte Verteidigungsminister McNamara drei Lösungsvorschläge ein. Zunächst könnten Gespräche mit Castro und Chruschtschow aufgenommen werden. Diese Option lehne er jedoch wegen zu geringer Erfolgsaussichten ab. Mehr verspreche er sich hingegen von zwei öffentlichen Erklärungen des Präsidenten. Kennedy solle zum einen die Verhängung einer Blockade gegen die sowjetischen Waffen in Aussicht stellen, die sich noch auf Schiffstransporten nach Kuba befänden. Zum anderen solle der Präsident mit einem sofortigen nuklearen Angriff auf die Sowjetunion drohen, falls von Kuba eine offensive militärische Aktion gegen die USA ausgehe. Die dritte Lösung sah McNamara schließlich in 1000 täglichen Luftangriffen an fünf aufeinanderfolgenden Tagen. Ein solcher Luftschlag, so musste er eingestehen, bleibe natürlich gefährlich, wenn es nicht gelänge, dabei alle MRBM auszuschalten. Spätestens an diesem Punkt zeigte sich, dass McNamara über keine realistische Vorstellung von Luftangriffen solcher Dimension verfügte.

Kennedy rätselte erneut, warum es wohl überhaupt zur Aufstellung der MRBM in Kuba gekommen war. Für ihn stellten sie die größte sowjetische Provokation seit der Berlin-Blockade 1948/49 dar. Das sei ja fast so, als wenn die USA plötzlich Mittelstreckenraketen in der Türkei stationieren würden. Dies hätten die USA bereits getan, belehrte ihn Bundy. Ural Alexis Johnson, Unterstaatssekretär im Außenministerium, fügte hinzu, dass einige amerikanische MRBM auch in England vorhanden seien. Die Verkürzung der geografischen Distanz zur Sowjetunion mache diese Mittelstreckenraketen gleichsam zu Interkontinentalraketen. Aus Sicht der Sowjetunion habe die Stationierung ihrer MRBM auf Kuba den gleichen Effekt. Damit hatte Johnson den Kern der Überlegungen Chruschtschows erfasst, hatte dieser doch gehofft, das Defizit an sowjetischen ICBM durch in Kuba günstig positionierte sowjetische MRBM auszugleichen.

Allerdings machte dies die generelle strategische Überlegenheit der USA keineswegs wett. Das zahlenmäßige Verhältnis der amerikanischen zu den sowjetischen ICBM betrug 4:1, und das Verhältnis der amerikanischen zu den sowjetischen Nuklearsprengköpfen sogar 17:1. Die USA konnten daher weiterhin davon ausgehen, dass sie selbst nach einem sowjetischen nuklearen Angriff immer noch über die Kapazität für einen vernichtenden nuklearen Vergeltungsschlag gegen die Sowjetunion verfügen würden. Diese Zuversicht beruhte auf geschützten ICBM auf US-amerikanischem Territorium, auf den seegestützten »Polaris«-Raketen auf den nur schwer zu lokalisierenden und zu bekämpfenden amerikanischen Atom-U-Booten sowie vor allem weiterhin auf den mit Atombomben beladenen Langstreckenbombern des »Strategic Air Command«.

Die folgenden drei Sitzungen des ExComm fanden in Abwesenheit des Präsidenten am 17. Oktober im Department of State statt. Kennedy flog, schon um die Geheimhaltung zu wahren und die Presse nicht aufmerksam zu machen, wie geplant nach Connecticut. Dort unterstützte er mit seinen Auftritten die Kandidaten seiner Partei für die Wahl zum Kongress. Im ExComm kreisten die Gespräche den ganzen Tag um drei Möglichkeiten des Vorgehens: erstens Luftangriffe mit anschließender Invasion, zweitens die Verhängung einer Blockade oder drittens das Ergreifen diplomatischer Schritte.

Viel Diskussionsstoff barg die Frage, ob Chruschtschow und Castro vor einem Luftangriff gewarnt werden sollten, was dem Luftangriff allerdings das wichtige Element der Überraschung nehmen würde. McCone schlug vor, Chruschtschow ein Ultimatum von 24 Stunden zu stellen, denn ein plötzlicher Angriff auf Kuba würde die USA in eine schwierige moralische Position bringen, vergleichbar der, in die sich Japan beim Angriff auf Pearl Harbor 1941 begeben hatte. Strittig blieben weiterhin die Art und Weise sowie der richtige Zeitpunkt für die Unterrichtung der NATO-Partner und der UN über die Entwicklung auf Kuba. Einige ExComm-Mitglieder gingen davon aus, dass sich Chruschtschow mit der Aktion in Kuba vor allem mehr Handlungsspielraum in Berlin verschaffen wollte. Zunehmend fiel es dem Gremium schwer, in dem Wust vorgeschlagener Maßnahmen und ständig auftretender Bedenken für den Präsidenten einen praktikablen Lösungsvorschlag zu finden. Bei der Diskussion möglicher Optionen kristallisierten sich schließlich zwei unterschiedliche Lager im ExComm heraus. Die Gruppe der »Falken« drängte auf eine möglichst schnelle militärische Lösung. Die Gruppe der »Tauben« hingegen bevorzugte eine diplomatische Lösung.

Der Präsident erhielt aber auch Ratschläge von außerhalb des ExComm. Beispielsweise verfasste US-Botschafter Stevenson bei den Vereinten Nationen ein Memorandum, um Kennedy zu erläutern, warum er ein militärisches Vorgehen gegen Kuba ablehnte. Stevenson ging da-

Reichweiten der nuklearen Mittelstreckenraketen R-12 (SS-4) und R-14 (SS-5)

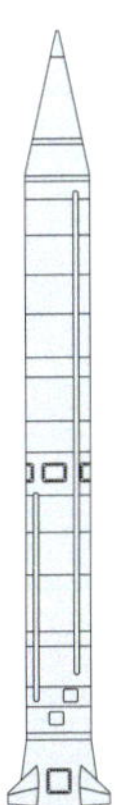

Nukleare Mittelstreckenrakete
R-12 »DWINA«
(NATO-Bezeichnung SS-4 »SANDAL«)

Länge: 22,10 m
Durchmesser: 1,65 m
Gefechtsgewicht: 47 100 kg
Antrieb: Flüssigkeitsraketentriebwerk
Lenkung: Autonomes Flugleitsystem
Gefechtskopf: 1 Nukleargefechtskopf mit 1,3 oder 2,3 Mt
Zielgenauigkeit: 2 400 m
Reichweite: 2 080 km

Nukleare Mittelstreckenrakete
R-14 »USOWAJA«
(NATO-Bezeichnung SS-5 »SKEAN«)

Länge: 24,30 m
Durchmesser: 2,4 m
Gefechtsgewicht: 86 300 kg
Antrieb: Flüssigkeitsraketentriebwerk
Lenkung: Trägheitsnavigationssystem
Gefechtskopf: 1 Nukleargefechtskopf mit 1,3 oder 2,3 Mt
Zielgenauigkeit: 1 900 m
Reichweite: 4 500 km

von aus, dass dies zu entsprechenden Aktionen der Sowjetunion gegen einen NATO-Stützpunkt oder gegen Berlin führen könnte. Deshalb gab er einer Warnung Chruschtschows und Castros vor einem amerikanischen Luftangriff den Vorzug. Vor militärischen Handlungen mit ihren unkalkulierbaren Folgen, so warnte er, müsse immer erst miteinander gesprochen werden. Eventuell könne bei Abrüstungsverhandlungen über Stützpunkte mit nuklearen Raketen, wo immer sich diese befänden, diskutiert werden.

Auch der Unterstaatssekretär im Außenministerium, George Ball, übersandte dem Präsidenten ein Memorandum. Er erinnerte ihn daran, dass die USA die Japaner wegen des Überraschungsangriffs auf Pearl Harbor 1941 als Kriegsverbrecher gesehen hätten. Ein amerikanischer Überraschungsangriff auf Kuba ohne Warnung würde die moralische Position der USA zerstören und das Land seinen politischen Freunden und seinen Alliierten entfremden.

Lösungsvorschlag Blockade

Der 18. Oktober begann für das ExComm mit einer schlechten Nachricht. Neben den bisher bekannten Abschussvorrichtungen für MRBM vom Typ R-12 hatten weitere U-2-Überflüge eine im Bau befindliche Abschussvorrichtung für eine IRBM vom Typ R-15 entdeckt. Deren Reichweite deckte praktisch die gesamten USA ab. Nach dieser Nachricht neigte das Gremium wieder in Richtung einer militärischen Lösung. Doch ein begrenzter Luftangriff reichte nach Ansicht des ExComm nicht mehr aus; jetzt schien ein umfassender Luftschlag erforderlich, der aber zu einer Kette unvorhersehbarer Vergeltungsaktionen durch die Sowjetunion bis nach Berlin führen könnte. Der frühere Botschafter der USA in Moskau, Lewellyn Thompson, favorisierte deshalb eine Blockade. Von einer diplomatischen Lösung war nicht mehr die Rede. Der Präsident wies General Taylor an, die Vorbereitungen so schnell wie möglich voranzutreiben, falls er sich für einen Luftangriff entscheide.

Nach der ExComm-Sitzung führte Kennedy noch ein kurzes Gespräch mit Dean Acheson. Der ehemalige Außenminister unter Präsident Harry Truman sprach sich vor dem Hintergrund seiner Erfahrungen gegen Ende des Zweiten Weltkrieges für einen gezielten Luftangriff auf die Raketenstellungen aus. Über die Schwierigkeit solcher Präzisionsangriffe war er sich offensichtlich nicht im Klaren. Den Vergleich eines unangekündigten Angriffs auf Kuba mit dem japanischen Angriff 1941 auf Pearl Harbor empfand Acheson als unsinnig.

Nach dem Gespräch mit Acheson begab sich der Präsident ins Weiße Haus zu einem Treffen mit dem sowjetischen Außenminister Andrej Gromyko, der ihn darum gebeten hatte. Das Präsidium der KPdSU hoffte bei dieser Gelegenheit herauszufinden, ob Kennedy von der Stationierung der Nuklearraketen auf Kuba bereits Kenntnis besaß. Zunächst kreiste die Unterhaltung um Berlin, doch dann verlas Gromyko eine Beschwerde über amerikanische Aktivitäten auf Kuba. Gemeint waren offensichtlich Sabotageakte im Rahmen der Operation »Mongoose«. Schließlich kam der Außenminister auf die von der Sowjetunion an Kuba gelieferten Waffen zu sprechen. Er betonte mit Nachdruck, diese Waffen seien keineswegs offensiver, sondern lediglich defensiver Natur. Kennedy würdigte diese eindeutige Lüge keiner Reaktion und versicherte, die USA hätten keine Absicht zu einer Invasion Kubas. Abschließend las er aus seiner Erklärung vom 4. September vor. Dabei betonte er besonders die Stelle, die von schwerwiegenden Folgen sprach, falls die Sowjetunion offensive Boden-Boden-Raketen oder andere Offensivwaffen nach Kuba bringe. Offensichtlich verstand Gromyko diese Warnung jedoch nicht. Vielmehr berichtete er nach Moskau, im Hinblick auf Kuba sei die amerikanische Haltung vollkommen zufriedenstellend.

Am Abend desselben Tages gab Rusk im Außenministerium einen Empfang zu Ehren Gromykos. Ungefähr zur selben Zeit stimmten die Mitglieder des ExComm in Abwesenheit des Präsidenten über das weitere Vorgehen gegen Kuba ab. Jetzt erhielt der Lösungsvorschlag Luftangriff mit nachfolgender Invasion nur noch sechs Stimmen. Elf der Anwesenden gaben hingegen dem Lösungsvorschlag einer Blockade den Vorzug, weil diese Chruschtschow Zeit zum Überlegen und die Möglichkeit zu verhandeln biete. Die USA müssten sich im Fall einer Blockade vor allem nicht vorwerfen lassen, den ersten Schuss abgegeben zu haben. Um 21 Uhr traf sich das ExComm noch einmal mit dem Präsidenten im Oval Office. Robert Kennedy teilte seinem Bruder das Ergebnis der Abstimmung mit. Doch in der folgenden Diskussion erhoben mehrere Anwesende plötzlich wieder Bedenken gegen die Blockade.

U-2-Überflüge entdeckten am 17. Oktober auf Kuba auch sowjetische Bomber des Typs IL-28 »Beagle«. Diese wären mit ihren zwei Strahltriebwerken in der Lage gewesen, Atombomben kleinerer Sprengwirkung über größere Distanzen zu transportieren.

Der Präsident bat seinen Bruder, das ExComm am folgenden Tag zu einem gemeinsam getragenen Beschluss zu führen.

Am 19. Oktober traf sich der Präsident zunächst im Oval Office zum Gespräch mit den JCS. Diese rieten ihm von einem begrenzten Luftangriff auf die Stellungen der MRBM ab und beharrten auf der Notwendigkeit eines massiven Luftangriffs auf Kuba. Über den Nutzen einer anschließenden Invasion bestanden hingegen unterschiedliche Auffassungen. Auf Kuba befanden sich neben den MRBM bereits vier sowjetische motorisierte Regimenter mit 10 000 Mann sowie taktische Nuklearwaffen. Hätten die Generale vom Vorhandensein dieser taktischen Nu-

klearwaffen gewusst, so wäre die Möglichkeit einer Invasion wohl nicht einmal diskutiert worden. General Taylor jedoch drängte Kennedy, unverzüglich den Befehl zum massiven Luftangriff zu geben, denn die Zeit werde knapp. Selbst ein sofortiger Befehl könne schließlich erst drei Tage später ausgeführt werden. Der Hinweis Kennedys auf mögliche Reaktionen der Sowjetunion in Berlin und deren Folgen für das Bündnis beindruckte die Generale offensichtlich nicht. Sie beharrten auf einer militärischen Lösung. Die starre Haltung der Oberbefehlshaber führte dazu, dass der Präsident jedes weitere Treffen mit den JCS während der Krise als überflüssig ablehnte.

Am 18. Oktober empfängt Kennedy den sowjetischen Außenminister Gromyko (1909–1989) im Weißen Haus. Der Politiker und Diplomat arbeitete während des Zweiten Weltkrieges in der sowjetischen Botschaft in Washington und vertrat sein Land danach im Sicherheitsrat der UN und als Botschafter in Großbritannien. Von 1957 bis 1985 amtierte er als Außenminister der Sowjetunion.

Anschließend flog Kennedy zu Wahlkampfveranstaltungen nach Ohio und Illinois. Das ExComm teilte sich in seiner Abwesenheit in zwei Arbeitsgruppen. Die erste bestand aus Acheson, Bundy, dem Finanzminister Douglas Dillon, Robert Kennedy und McCone. Sie befasste sich mit dem Lösungsvorschlag Luftangriff und sammelte dazu Argumente, erste Durchführungsüberlegungen sowie Beiträge für mögliche öffentliche Reden. Die zweite Gruppe bestand aus Ball, Alexis

Johnson, McNamara, Rusk sowie Thompson und konzentrierte sich auf den Lösungsvorschlag Blockade. Am Nachmittag trat das ganze ExComm zusammen und unterzog die Ergebnisse beider Gruppen einer strengen Prüfung. Langsam rückten dabei die bisherigen Befürworter des Luftangriffs von ihrem Lösungsvorschlag ab, da eine rechtzeitige Ausschaltung der sowjetischen Nuklearraketen eben nicht zu garantieren war. Dennoch erarbeiteten der Ministerialdirektor für Internationale Angelegenheiten im Verteidigungsministerium, Paul Nitze, und Alexis Johnson einen ersten Zeitplan sowohl für den Fall eines Luftangriffs als auch für den Fall einer Blockade.

Auf dringenden Wunsch seines Bruders brach der Präsident am 20. Oktober seine Wahlkampfreise wegen einer angeblichen Grippe ab und flog zurück nach Washington. Vertreter der CIA erklärten im ExComm, dass acht der MRBM in Kuba binnen acht Stunden feuerbereit gemacht werden könnten. Eine zweite nukleare Salve könne fünf Stunden danach abgefeuert werden. Spontan äußerte der Präsident, die Raketen müssten zerstört werden. McNamara befürchtete, der noch unentschiedene Kennedy könne seine Meinung erneut ändern und von der Blockadelösung wieder abrücken. Deshalb forderte er die Blockade als ersten Schritt. Zudem schlug er Verhandlungen mit der Sowjetunion über den Abzug der »Jupiter«-Raketen in der Türkei und Italien vor. Überdies könne die US Navy auch die Basis Guantánamo Bay auf Kuba räumen. Verhandlungen dieses Inhalts kamen für Kennedy zwar nicht in Frage, jedoch ließ er die Durchführbarkeit des Abzugs der »Jupiter«-Raketen aus Italien und der Türkei prüfen. Dabei interessierte ihn in erster Linie die Reaktion der beiden Bündnispartner auf einen solchen Abzug.

Durch eine Blockade, so gab der Präsident zu bedenken, würden die sowjetischen MRBM von Kuba allerdings noch nicht entfernt. Doch die meisten Mitglieder des ExComm tendierten jetzt zur Blockade, um ein unkalkulierbares militärisches Risiko zu vermeiden, und begannen gedanklich mit deren Vorbereitung. McNamara wollte für den Fall einer zu befürchtenden plötzlichen Meinungsänderung Kennedys weiter vorbereitet sein. Deshalb ordnete er hinter dessen Rücken sicherheitshalber die Bereitstellung von vier taktischen Staffeln der US Air Force in Florida für einen eventuellen Luftangriff auf Kuba an.

Am Nachmittag traf sich der Präsident mit dem NSC. Dabei kamen zunächst die neuesten Ergebnisse von Aufklärungsflügen zur Sprache.

Der US-Flugzeugträger »Enterprise« verstärkte die Überwachung der über Kuba verhängten Blockade.

Sie bestätigten, dass Abschussrampen für die MRBM inzwischen über die gesamte Insel verteilt worden waren. Kennedy erkannte, dass ein Luftangriff auf die sowjetischen MRBM in Form eines begrenzten chirurgischen Eingriffs gar nicht mehr möglich war und die Durchführung einer Invasion große Verluste auf beiden Seiten erwarten ließ. Dies bewog ihn, die gesamte Planung nun doch auf die Blockade zu konzentrieren. Nur dieses Vorgehen, so erklärte er im ExComm, entspreche amerikanischen Prinzipien. Allerdings wolle er eine endgültige Entscheidung erst treffen, nachdem er am nächsten Morgen mit Vertretern der US Air Force gesprochen habe. Erneut war Kennedy einer eindeutigen Entscheidung ausgewichen.

Am Morgen des 21. Oktober teilte der Präsident sowohl McNamara als auch Rusk seine Entscheidung mit, für Kuba eine Blockade anzuordnen. Anschließend fand seine Besprechung mit dem Kommandeur des *Tactical Air Command* (TAC), General Walter Sweeney, statt. Dieser erklärte dem Präsidenten, dass für einen erfolgreichen Luftangriff auf die sowjetischen Raketenstellungen, die MiG-21-Flugplätze sowie die Stellungen des Luftabwehrsystems »Dwina« auf Kuba mehrere hundert Einsätze notwendig wären. Doch selbst danach sei eine Zerstörung der Raketen lediglich zu 90 Prozent garantiert. Kennedy sah sich dadurch in seiner Entscheidung gegen einen Luftangriff bestätigt. Dennoch befahl er General Sweeney, alles für einen möglichen Luftangriff am 22. Oktober bereitzuhalten.

Am Nachmittag folgte eine erneute Sitzung mit dem NSC. Der *Chief of Naval Operations* (CNO), Admiral George Anderson Jr., erläuterte das für eine Blockade Kubas erforderliche Vorgehen: Alle Kuba anlaufenden Schiffe würden beim Erreichen der Blockadegrenze durch eine Einheit der US Navy angehalten und dürften ihre Fahrt erst nach einer Kontrolle ihrer Ladung fortführen. Im Fall einer Ladung mit militärischen Gütern werde das Schiff abgewiesen. Schiffe, deren Besatzung eine Kontrolle verweigerte, würden zunächst mit einem Schuss vor den Bug gewarnt. Falls dies zu keinem Einlenken führen sollte, werde ein Schuss auf die Ruderanlage abgegeben, um das Schiff zu lähmen. An dieser Stelle kamen dem ehemaligen US-Navy-Offizier Kennedy Bedenken. Er fragte den Admiral, ob ein solcher Schuss nicht unbeabsichtigt ein Schiff versenken könnte, doch dieser vermochte ihn zu beruhigen.

Bundy informierte an diesem Tag erstmals Kennedys Pressesprecher Pierre Salinger über die Krise. Dieser fürchtete, Journalisten könnten ihre bisher gesammelten Informationen veröffentlichen. Der Präsident bat daraufhin die Herausgeber der *New York Times*, der *Washington Post* und der *New York Herald Tribune* telefonisch, Veröffentlichungen zu Kuba aus Sicherheitsgründen noch zurückzuhalten. Dies wurde ihm zugesagt. Tatsächlich aber brodelte in Washington längst die Gerüchteküche. Das *Military Committee* (MC) der NATO, die oberste militärische Instanz des Bündnisses, hatte zu dieser Zeit seinen Sitz in Washington. Seine Mitglieder bemerkten die in der US-Administration herrschende Aufregung, erhielten aber keine offizielle Information. Im Auftrag des MC suchten zwei Generale – darunter der Deutsche Militärische Vertre-

Die zwischen 1959 und 1962 gebauten atomgetriebenen U-Boote der Ethen-Allen-Klasse waren mit nuklearen »Polaris«-Raketen bewaffnet. Sie erhielten während der Krise am 22. Oktober 1962 den Befehl, auszulaufen und sich in ihre vorbestimmten Einsatzgebiete zu begeben.

ter im MC, Generalleutnant Johannes Steinhoff – McNamara auf. Daraufhin wurde für den folgenden Tag ein Lagevortrag im Pentagon für alle Mitglieder des MC zu Kuba anberaumt, der von da an täglich stattfand.

Lösungsvorschlag Quarantäne

Am 22. Oktober traf sich der Präsident zunächst mit dem ExComm. Das Gremium trat täglich um 10 Uhr im Oval Office des Weißen Hauses zusammen. Zunächst entwarf das ExComm eine Resolution, die Schiffen den Transport von Offensivwaffen nach Kuba untersagte. Diese Reso-

lution sollte nach ihrer Verabschiedung durch die OAS, die ihren Hauptsitz in Washington hatte, verkündet werden. Rechtsberater des State Departments überzeugten Kennedy, anstelle des Begriffs ›Blockade‹ den Begriff ›Quarantäne‹ zu verwenden, denn völkerrechtlich gelte eine Blockade als ein kriegerischer Akt. Sie rieten ihm zudem, sich bei der Verkündigung der Quarantäne sowohl auf die Charta der OAS als auch auf den Rio-Pakt von 1947 zu berufen. Dieser sah bei einer äußeren Bedrohung eines Staates der westlichen Hemisphäre deren gemeinsame Verteidigung zwischen dem Beringmeer und dem Südpol vor.

Um sich innenpolitisch abzusichern, ließ der Präsident mithilfe der US Air Force einige führende Mitglieder des Kongresses nach Washington holen. Er informierte sie im Weißen Haus über seine Entscheidung. Allerdings bezweifelten mehrere Senatoren, darunter auch der demokratische Senator Fulbright, dass die Quarantäne die Sowjetunion zum Abzug der MRBM veranlassen würde. Sie forderten deshalb militärische Maßnahmen wie einen Luftangriff und eine Invasion.

Eine wichtige Entscheidung des Tages stellte die Heraufsetzung der Alarmstufe *Defense Condition* (DEFCON) dar. In Friedenszeiten herrschte DEFCON 5, während DEFCON 1 Krieg bedeutete. Jetzt wurden die amerikanischen Streitkräfte in der Welt, außer in Europa, in die Alarmstufe DEFCON 3 versetzt. Auch das Personal in den unterirdischen Silos in den USA mit den abschussbereiten ICBM wurde alarmiert. Alle Flugzeuge des *Air Defense Command* (ADC) wurden erstmals mit Nuklearwaffen ausgerüstet. Die mit »Polaris«-Raketen bewaffneten U-Boote verließen ihre Häfen und fuhren zu ihren geheimen Einsatzpositionen. Am Abend evakuierte man schließlich die Angehörigen der Soldaten des Navy-Stützpunktes Guantánamo mit Schiffen und Flugzeugen. Eine Alarmierung der amerikanischen Streitkräfte in Europa unterblieb, weil Kennedy unter keinen Umständen die NATO-Partner zu früh unterrichten wollte. Von deren möglichen Reaktionen erwartete er keine Unterstützung, sondern eher eine Einschränkung der eigenen Handlungsfähigkeit.

Geschickt ergriff der US-amerikanische Präsident jetzt mit verschiedenen Maßnahmen die politische Initiative und kam der Sowjetunion zuvor. Das State Department unterrichtete zunächst UN-Generalsekretär Sithu U Thant in New York über die beabsichtigte Quarantäne. Den lateinamerikanischen Botschaftern wurde die Resolution über die Verhängung der Quarantäne im Außenministerium in Washington persönlich übergeben, weil diese Maßnahme noch von den Mitgliedern der OAS verabschiedet werden musste. Dazu erhielten sie die vorgesehene Rede Kennedys in ihrer Sprache sowie einen Begleitbrief für ihre jeweiligen Staatsoberhäupter. Danach wurden alle übrigen akkreditierten Botschafter in Washington, etwa 95 zu dieser Zeit, informiert. Den US-Botschaftern in der Welt übersandte das Außenministerium den Redetext sowie eine Nachricht des Präsidenten, die sie den jeweiligen Staatschefs und Außenministern vorlegen sollten. Acheson flog im Auftrag Kennedys zur persönlichen Unterrichtung des NATO-Rats und wichtiger Bündnispartner nach Europa.

Außenminister Rusk bestellte Moskaus Botschafter Dobrynin für 18:30 Uhr ins Department of State ein. Er teilte ihm mit, dass er die verdeckte Stationierung sowjetischer Nuklearraketen auf Kuba für einen Fehler halte, und übergab ihm den Text der Rede Kennedys. In Moskau wiederum überreichte Botschafter Foy Kohler den Redetext sowie einen kurzen Brief des Präsidenten an Chruschtschow. Dieser enthielt eine klare Forderung Kennedys: Die durch die Stationierung der Nuklearraketen auf Kuba entstandene Bedrohung der westlichen Hemisphäre könne nur durch die Entfernung dieser Waffen aufgehoben werden. Die über ihre Botschaften in Moskau und Washington übermittelten Briefe sollten zum bevorzugten Mittel der Kommunikation zwischen beiden Staatsmännern werden. Allerdings verzögerte nicht nur die Zeitdifferenz von sieben Stunden, sondern zudem die in beiden Botschaften zunächst erforderliche Entschlüsselung der Texte sowie ihre Übersetzung in die jeweilige Landessprache erheblich deren Übermittlung. Generell wurde und wird die Kommunikation zwischen den Botschaften und den Ministerien in ihren Heimatländern aus Sicherheitsgründen verschlüsselt.

Die Radio- und Fernsehansprache des US-Präsidenten an die amerikanische Nation begann um 19 Uhr. Die United States Information Agency (USIA) hatte für deren Übersetzung in viele Sprachen gesorgt. Auf Film- und Tonträgern wurde sie in die Welt verschickt und in spanischer Sprache über Mittelwelle direkt nach Kuba gesendet. Zunächst wies Kennedy darin auf das Vorhandensein offensiver sowjetischer Nuklearwaffen auf Kuba hin, welche die ganze westliche Hemisphäre gefährdeten. Dann zählte er die bisher getroffenen Gegenmaßnahmen auf.

Kennedy wendet sich am 22. Oktober in einer Radio- und Fernsehansprache an die amerikanische und internationale Öffentlichkeit.

Diese bestanden neben der Quarantäne in einer Verstärkung des US-Navy-Stützpunktes Guantánamo Bay sowie in einer Intensivierung der Luftüberwachung. Für den Fall, dass Kuba die Offensivwaffen nicht abbauen würde, drohte der Präsident mit weiteren Maßnahmen. Damit signalisierte er den Amerikanern und der Welt Entschlossenheit. Gleichzeitig vermied er eine Fehlinterpretation dieser Maßnahmen durch die Sowjetunion. Kennedys Rede schloss mit der eindringlichen Warnung: Falls von Kuba aus eine nukleare Rakete auf einen Staat der westlichen Hemisphäre abgefeuert würde, würde er dies als einen Angriff auf die USA ansehen und einen umfassenden nuklearen Vergeltungsschlag der USA gegen die Sowjetunion auslösen. Damit berief er sich deutlich auf die Strategie der *massive retaliation*. Den ›Schwarzen Peter‹, den Makel eines möglichen nuklearen Erstschlags, hatte er damit der Sowjetunion zugeschoben.

Geheime Briefwechsel

Am 23. Oktober trat in New York der UN-Sicherheitsrat zusammen. Botschafter Stevenson verurteilte die Stationierung der sowjetischen Offensivwaffen auf Kuba und forderte deren Abzug. Der sowjetische UN-Botschafter Walerian Sorin hingegen bestritt vehement deren Vorhandensein auf der Insel, von dem er vielleicht aus Geheimhaltungsgründen auch gar nicht unterrichtet worden war. Zur selben Zeit stimmte der Konsultativrat der Außenminister der OAS in Washington der Quarantäne zu und erteilte sein Einverständnis zu Maßnahmen, die eine Bedrohung des Friedens in der westlichen Hemisphäre durch die sowjetischen MRBM auf Kuba verhinderten.

McNamara unterrichtete das ExComm über die in Alarmbereitschaft befindlichen Staffeln der US Air Force, die für einen Angriff auf die bisher bekannten MRBM-Stellungen auf der Insel bereitstünden. Auch die Vorbereitungen einer Invasion würden weiterhin mit hoher Geschwindigkeit erfolgen. Sodann entspann sich eine Diskussion darüber, wie

Am 23. Oktober gaben die Vertreter der 1948 gegründeten Organisation Amerikanischer Staaten (OAS) am Hauptsitz der Organisation in Washington ihre Zustimmung zur Durchführung einer Quarantäne gegen Kuba.

auf einen eventuellen Abschuss einer U-2 über Kuba zu reagieren sei. Der Präsident entschied sich für eine Zerstörung derjenigen sowjetischen Luftabwehrstellung, die den Abschuss verursacht habe. Falls weitere Überflüge von U-2-Flugzeugen beeinträchtigt würden, sollten alle Stellungen des Luftabwehrsystems S-75 »Dwina« auf Kuba zerstört werden. Um fortlaufende und intensivere Informationen über den Stand des MRBM-Aufbaus zu erhalten, genehmigte Kennedy neben den U-2-Überflügen zusätzliche Luftaufklärung. Sechs Maschinen vom Typ RF-8A »Crusader« der *Light Photographic Squadron* 62 der US Navy begannen damit noch am selben Vormittag. Diese unter dem Decknamen »Blue Moon« im Tiefflug durchgeführte Aufklärung erfolgte fortan täglich.

Ein Antwortbrief Chruschtschows erreichte Kennedy am 24. Oktober. Der sowjetische Ministerpräsident betonte erneut, alle an Kuba gelieferten Waffen besäßen defensiven Charakter und sollten Kuba vor möglichen Angriffen schützen. Chruschtschow verlangte, Kennedy solle die Quarantäne aufheben, ansonsten ergäben sich schwerwiegende Folgen für den Weltfrieden. Der US-Präsident forderte nach der Lektüre des Briefes sogleich die CIA auf, die Folgen der Verhängung einer sowjetischen Gegenquarantäne über Berlin zu analysieren. In seinem Antwortschreiben an Chruschtschow erinnerte Kennedy zunächst daran, dass allein die Sowjetunion die momentane Situation durch ihre Stationierung von Offensivwaffen auf Kuba verursacht habe. Er hoffe, dass die sowjetischen Schiffe sich an die Bedingungen der Quarantäne halten würden. Diese sei von der OAS beschlossen worden und trete am kommenden Tag um 14 Uhr westeuropäischer Zeit in Kraft.

Erstmals in der Geschichte des Kalten Krieges ließen die Oberbefehlshaber der amerikanischen Teilstreitkräfte das Strategische Bomberkommando in die Alarmstufe DEFCON 2 versetzen. Ständig blieb fortan ein Drittel der Nuklearbomber vom Typ B-52 »Stratofortress« in der Luft. Die weiteren Nuklearbomber vom Typ B-47 Stratojet wurden sicherheitshalber auf verschiedene militärische und zivile Flugplätze in den USA verteilt. Die Sowjetunion, die die Eskalation offensichtlich nicht scheute, hatte bereits am 26. September die Strategischen Raketentruppen, ihre Fernbomberflotte, ihre Seestreitkräfte, die Landes- und Luftverteidigung wie auch ihre im Ausland stationierten Truppen in erhöhte Gefechtsbereitschaft versetzt. Jetzt wurde die Gefechtsbe-

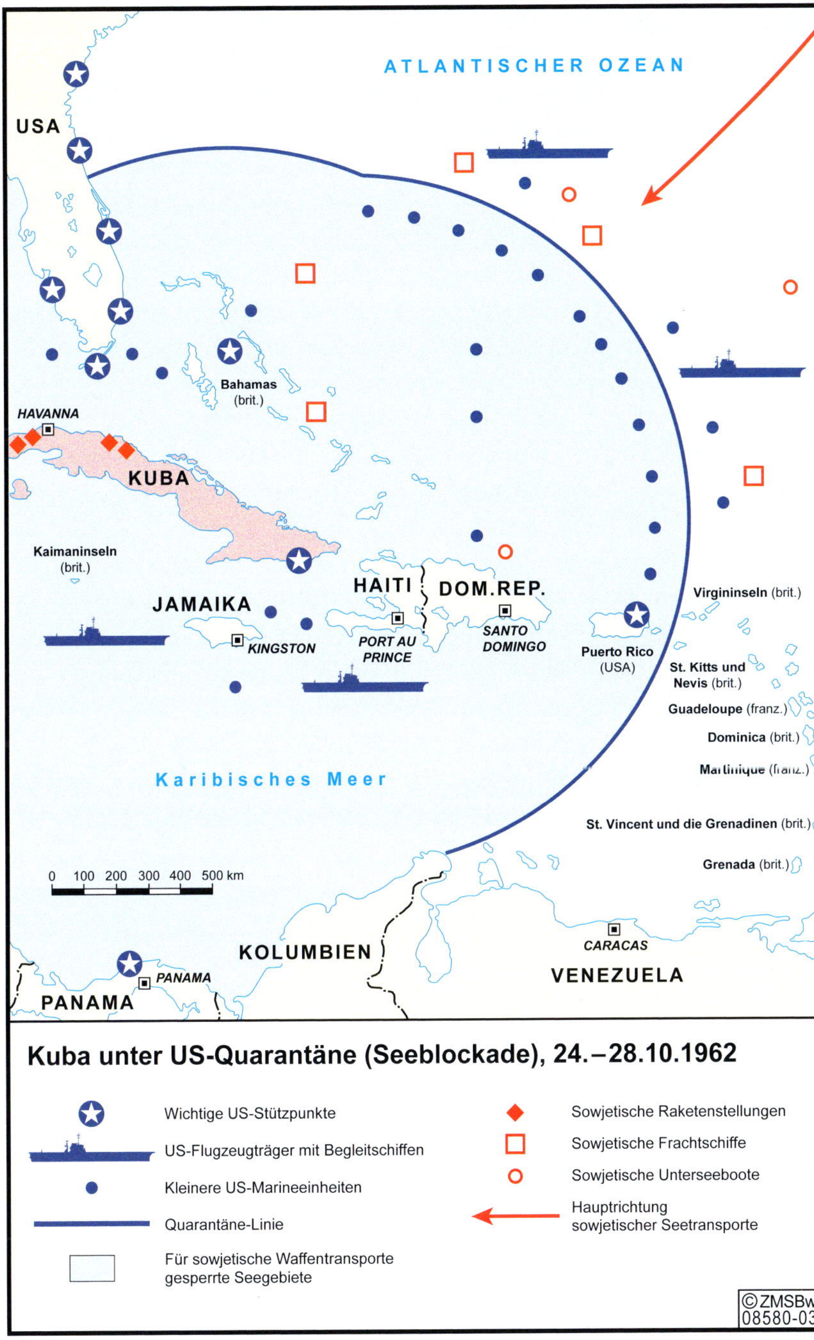

Kuba unter US-Quarantäne (Seeblockade), 24.–28.10.1962

Wichtige US-Stützpunkte
US-Flugzeugträger mit Begleitschiffen
Kleinere US-Marineeinheiten
Quarantäne-Linie
Für sowjetische Waffentransporte gesperrte Seegebiete
Sowjetische Raketenstellungen
Sowjetische Frachtschiffe
Sowjetische Unterseeboote
Hauptrichtung sowjetischer Seetransporte

reitschaft auf die Streitkräfte des Warschauer Pakts ausgedehnt. Die sowjetischen Truppen auf Kuba versetzte ihr Befehlshaber, Armeegeneral Issa Plijew, auf Weisung Moskaus in volle Alarmbereitschaft. Nukleare Waffen durften allerdings nur mit besonderer Erlaubnis aus Moskau eingesetzt werden. Auch Castro ordnete für seine Streitkräfte Kriegsbereitschaft an. Inzwischen rechnete laut Meinungsumfragen jeder fünfte Amerikaner damit, dass die Quarantäne zu einem erneuten Weltkrieg führen würde.

Der Radius des Quarantänefeldes, das die USA um Kuba legten, betrug etwa 500 Seemeilen. Dieser Linie näherten sich, wie die Luftaufklärung berichtete, zwei Schiffe, zwischen denen sich noch ein getauchtes U-Boot befinden sollte. Der Präsident befürchtete, dass es ausgerechnet mit einem sowjetischen U-Boot zu einer ersten Kampfhandlung kommen könnte. Tatsächlich hatte die Sowjetunion am 1. Oktober vier U-Boote des Projekts 641 (NATO-Bezeichnung: »Foxtrott«-Klasse) der 69. U-Boot-Brigade der Nordmeerflotte zur Verstärkung der Verteidigung in kubanische Gewässer entsandt. McNamara vermochte Kennedy mit dem Hinweis zu beruhigen, alle amerikanischen Kommandanten hätten die strikte Anweisung, Feindseligkeiten zu vermeiden.

Chruschtschow bezeichnete die Forderungen Kennedys vom Vortag in seinem Antwortschreiben als Ultimatum: Gehe die Sowjetunion nicht darauf ein, so drohten die USA mit Gewalt. Einen solchen Versuch der Einschüchterung könne die Sowjetunion nicht akzeptieren. Die Kapitäne der sowjetischen Schiffe hätten den Befehl, den Anweisungen amerikanischer Kriegsschiffe nicht nachzukommen. Im Fall von Akten der Piraterie werde die Sowjetunion die zum Schutz ihrer Rechte notwendigen Schritte ergreifen. Im ExComm gewann man den Eindruck, Chruschtschow wolle nicht einlenken, sondern bewusst eine militärische Auseinandersetzung riskieren.

Am 25. Oktober näherten sich der Blockadelinie zwei Schiffe: der rumänische Öltanker »Bukarest«, der keine versteckte Ladung an Bord haben konnte, und das Passagierschiff »Völkerfreundschaft« aus der DDR mit 1500 Urlaubern an Bord. Kennedy entschied, beide Schiffe passieren zu lassen. Die »Völkerfreundschaft« erreichte am 27. Oktober den Hafen von Havanna, doch die Passagiere mussten auf kubanische Anordnung hin aus Sicherheitsgründen an Bord bleiben. Nach zwei Tagen verließ das Schiff Kuba wieder und trat die Rückreise nach Rostock an.

Der Zerstörer USS »Joseph P. Kennedy Jr.« stoppte am 26. Oktober den von der Sowjetunion gecharterten Frachter »Marucla«. Nach einer ergebnislosen Kontrolle der Ladung nach Waffen durch ein Inspektionskommando des Zerstörers durfte der Frachter seine Fahrt nach Kuba fortsetzen.

Das nächste Schiff, der libanesische Frachter »Marucla«, sollte als erstes Schiff der Quarantäne inspiziert werden. Die US Navy hatte für diese Aufgabe bewusst den Zerstörer USS »Joseph P. Kennedy Jr.« ausgewählt, der nach dem im Zweiten Weltkrieg abgestürzten älteren Bruder des Präsidenten benannt und von dessen Schwester Jean Kennedy beim Stapellauf getauft worden war. Nach dem Krieg hatte zudem Robert Kennedy für kurze Zeit auf diesem Schiff als Matrose gedient. Die Ladung des Frachters wurde in der Inspektion nicht beanstandet, er durfte daher seine Fahrt nach Kuba fortsetzen. Die »Marucla« blieb das einzige Schiff, das während der gesamten Quarantänezeit inspiziert wurde.

Die CIA meldete indes, dass 14 von ursprünglich 20 sowjetischen Schiffen mit Kurs auf Kuba bereits abgedreht hätten. Darunter befanden sich, wie sich Jahre später herausstellte, vier Transportschiffe mit ICBM samt Ausrüstung. Während diese Raketen vom Typ R-14 Kuba also gar nicht mehr erreichten, befanden sich die dazugehörigen 24 Nuklearsprengköpfe an Bord der »Aleksandrowsk« bereits im kleinen Fischereihafen La Isabela. Eine Löschung der schweren Fracht, von der die USA

nichts ahnten, war dort allerdings nicht möglich und inzwischen auch nicht mehr erforderlich. Damit die Ladung bei einer eventuellen amerikanischen Invasion nicht in amerikanische Hände fiel, wurde das Schiff in die Sowjetunion zurückbeordert.

Die US Navy ortete und verfolgte inzwischen die sowjetischen U-Boote rigoros auch außerhalb des Quarantänegebiets. So zwangen Einheiten der AWS das U-Boot »B 59« mit Übungsgranaten, deren Sprengkraft zwar gering, deren Lautstärke im U-Boot jedoch ohrenbetäubend und irreführend war, sogar zum Auftauchen. Ohne jede Kontaktmöglichkeit mit Moskau hatte der Kommandant große Schwierigkeiten, die Lage richtig einzuschätzen. Der an Bord befindliche Chef des

Einheiten der US Navy zwangen ein sowjetisches U-Boot zum Auftauchen. Bei diesen Einsätzen ging die US Navy das Risiko einer Gegenwehr der sowjetischen U-Boote ein, die zum Teil mit einem nuklearen Torpedo bewaffnet waren.

Stabes der 69. U-Boot-Brigade sowie der routinemäßig anwesende Polit-Offizier veranlassten ihn jedoch, von einem Einsatz der Waffen und besonders des mitgeführten nuklearen Torpedos abzusehen.

Große Teile der amerikanischen Bevölkerung und der Weltöffentlichkeit verfolgten an diesem 25. Oktober im Fernsehen die hitzige Auseinandersetzung zwischen den beiden UN-Botschaftern der USA und der Sowjetunion im UN-Sicherheitsrat. Botschafter Sorin bestritt erneut heftig, dass sowjetische Offensivwaffen auf Kuba stationiert seien. US-Botschafter Stevenson jedoch widerlegte ihn dieses Mal höchst anschaulich. Er hatte einige der von den U-2 sowie von den RF-8A erstellten Fotos vergrößern und auf Tafeln anbringen lassen. Diese Tafeln

US-Botschafter Stevenson zeigte dem UN-Sicherheitsrat in New York am 25. Oktober 1962 die von den U-2 gemachten Fotos der sowjetischen Nuklearraketen auf Kuba. Die sowjetische Seite bestritt die Stationierung dieser Raketen trotz der eindeutigen Bilder vehement.

standen jetzt im Sitzungssaal des UN-Sicherheitsrats in New York, und Spezialisten des NPIC aus Washington erläuterten den Anwesenden die Aufnahmen. Trotz dieser nicht zu übersehenden Beweise beharrte Sorin weiter auf seiner Aussage.

Kennedy beantwortete indessen das Schreiben Chruschtschows vom Vortag. Er habe die Sowjetunion bereits Anfang September davor gewarnt, schrieb der Präsident, weiter offensive Waffen nach Kuba zu liefern. Seitdem hätten die USA zahlreiche private und offizielle sowjetische Versicherungen erhalten, dass solche Waffen nicht nach Kuba geschickt worden seien. Alle diese Versicherungen hätten sich als Lügen erwiesen, denn tatsächlich befänden sich auf der Insel Stellungen für

MRBM. Da die Eskalation eindeutig von sowjetischer Seite komme, erwarte er von der Sowjetunion die notwendigen Schritte zur Wiederherstellung der früheren Situation auf Kuba.

Am 26. Oktober berichtete die CIA im ExComm, die Arbeiten an den Stellungen für MRBM und IRBM gingen in Kuba ohne Unterbrechung weiter. Erneut kamen Kennedy Zweifel, ob die Quarantäne wirklich zum erwünschten Ergebnis führen würde. Wahrscheinlich, so gestand er entmutigt den Mitgliedern des ExComm, müsse doch noch zum Mittel einer militärischen Invasion gegriffen werden. Deshalb wies er das Außenministerium an, ein Programm für die Errichtung einer zivilen Regierung in Kuba nach einer Invasion auszuarbeiten. Das ExComm befasste sich in einer Arbeitsgruppe wieder mit der Planung von Luftangriffen gegen die Raketenstellungen.

Am Abend desselben Tages erreichte Kennedy ein mehrseitiger Brief Chruschtschows. Der Ton war weniger aggressiv, vielmehr appellierte der Russe an das Verantwortungsgefühl des Präsidenten: Die USA sollten zunächst erklären, dass sie nicht in Kuba einmarschieren wollten und keine sonstigen Kräfte unterstützten, die eine Invasion der Insel planten. Ihrerseits würde dann die Sowjetunion bestätigen, dass die sowjetischen Schiffe auf dem Weg nach Kuba keine Waffen an Bord führten. Wenn die Vereinigten Staaten allerdings die Quarantäne aufrechterhalten und sowjetische Schiffe inspizieren wollten, so werde dies als Akt der Piraterie und als erster Schritt zur Entfesselung eines Krieges angesehen. Das Seil, in das der amerikanische Präsident bereits den Knoten eines Krieges gemacht habe, dürfe nicht auch noch festgezogen werden. Sei der Knoten nicht mehr lösbar, müsse er zerschnitten werden. Was das angesichts der furchtbaren Kräfte bedeute, über die beide Staaten verfügten, müsse er nicht erklären.

Kennedy hielt das Risiko eines Krieges nach wie vor für groß, denn auf den Abzug der MRBM aus Kuba war Chruschtschow mit keinem Wort eingegangen. Kennedy und Chruschtschow verfügten beide über Kriegserfahrungen, doch nach Hiroshima und Nagasaki übertrafen die sich immer deutlicher abzeichnenden möglichen Folgen eines Nuklearkrieges alle bisherigen Erfahrungen und Vorstellungen. Beide Staatsmänner empfanden durchaus große Angst, zu Verursachern einer solchen Vernichtung zu werden, verbargen diese Furcht aber.

Aufatmen

Kaum hatte die ExComm-Sitzung am 27. Oktober begonnen, als den Präsidenten eine Information der Presse erreichte. Chruschtschow, so hieß es, habe Kennedy in einer Radiobotschaft einen Verhandlungsvorschlag unterbreitet. Das ExComm war verunsichert; denn offiziell hatte eine solche Botschaft den Präsidenten bisher nicht erreicht. Sollte die Nachricht jedoch stimmen, entfiele für einen militärischen Angriff auf Kuba jede Rechtfertigung.

Am Nachmittag überschattete das Zusammentreffen des Gremiums die Nachricht, dass eine Rakete des Luftabwehrsystems S-75 »Dwina« eine in großer Höhe über Kuba fliegende U-2 abgeschossen hatte. Der Pilot, Major Rudolf Anderson Jr., war dabei ums Leben gekommen. Damit war erstmals Blut geflossen, die Sowjetunion hatte den ersten Schuss ausgelöst, und der Höhepunkt der Krise schien erreicht. Doch Kennedy wollte jetzt nicht mehr mit einem amerikanischen Luftangriff auf diejenige S-75-»Dwina«-Stellung antworten, welche die U-2 abgeschossen hatte. Diese erst vor vier Tagen von ihm festgelegte Reaktion schien ihm plötzlich nicht mehr angebracht. Zwar hatte er den angekündigten Brief Chruschtschows noch nicht erhalten, aber dessen Inhalt und die ihm ebenfalls noch unbekannte Radiobotschaft konnten vielleicht doch noch eine Chance zu der von ihm erhofften friedlichen Lösung der Krise bieten.

Deshalb ergriff der Präsident nun selbst eine Initiative, über die er lediglich seine allerengsten Vertrauten unterrichtete. In einem Schreiben an Chruschtschow akzeptierte Kennedy dessen Angebot, die MRBM aus Kuba zurückzuziehen. Als Gegenleistung versprach er, die Quarantäne zu beenden und, wie von Chruschtschow gewünscht, auf eine Invasion Kubas zu verzichten. Diesen Brief übergab Robert Kennedy in seinem Büro im Justizministerium noch am Abend persönlich dem sowjetischen Botschafter Dobrynin. Im Gespräch fügte er hinzu, er wolle kein Ultimatum stellen, doch die Raketen müssten sofort zurückgezogen werden. Ansonsten sei eine militärische Reaktion der USA, zu der die Oberbefehlshaber der Teilstreitkräfte den Präsidenten drängten, unvermeidbar. Dobrynin erwähnte daraufhin, dass auch die Forderung Chruschtschows nach einem Abzug der »Jupiter«-Raketen in der Türkei noch nicht erfüllt sei. Robert Kennedy teilte ihm mit, sein Bruder verspreche, diese Raketen binnen vier bis fünf Monaten abzuziehen. Allerdings müsse dieses Versprechen, von dem lediglich eine Handvoll Mitarbeiter des Präsidenten wisse, unbedingt geheimgehalten werden. Nach dem Gespräch telegraphierte Dobrynin das Schreiben des Präsidenten samt der geheimen Vereinbarung zum Abzug der »Jupiter«-Raketen sogleich nach Moskau.

Nachdem das Schreiben Kennedys in der Nacht zum 28. Oktober in Moskau eingetroffen war, fand eine von Chruschtschow einberufene Präsidiumssitzung des ZK der KPdSU statt. Die inzwischen auch in Moskau eingetroffene Nachricht vom Abschuss einer U-2 über Kuba

unterstrich den Ernst der Lage: Eine sowjetische Handlung hatte zum Tod eines Amerikaners geführt. Chruschtschow fürchtete nun in völliger Verkennung des politischen Systems der USA einen Putsch des amerikanischen Militärs gegen Kennedy. Der Abschuss der U-2 könne den Hardlinern in Washington den willkommenen Anlass zu einem solchen Putsch liefern. Zumindest aber könnten diese den Präsidenten zwingen, jetzt einen militärischen Angriff auf Kuba zu veranlassen.

Da die sowjetischen Truppen auf Kuba angewiesen worden waren, auf keinen Fall das Feuer zu eröffnen, konnte Chruschtschow aus der Distanz selbst einen Übergriff des Castro-Regimes auf das sowjetische

Das trotz des Absturzes aus großer Höhe noch deutlich erkennbare Wrack der über Kuba abgeschossenen U-2 von Major Anderson

Luftabwehrsystem nicht ausschließen. Ein solcher Übergriff hatte jedoch nicht stattgefunden. Castro war davon ausgegangen, dass ein US-amerikanischer Luftangriff unmittelbar bevorstehe. Deshalb hatte er der kubanischen Luftabwehr befohlen, das Feuer auf die amerikanischen Aufklärer vom Typ RF-8A Crusader zu eröffnen, die Kuba im Tiefflug überflogen. Offensichtlich beeinflusste seine Entscheidung aber das Verhalten der sowjetischen Luftabwehrkräfte. Als auf dem Radarschirm des sowjetischen Luftabwehrsystems überraschend eine U-2 erschien, versuchten zwei sowjetische Kommandeure vergeblich, ihren Vorgesetzten Armeegeneral Plijew zu erreichen, weil sie wie Castro einen unmittelbar bevorstehenden amerikanischen Angriff befürchteten.

Angesichts der kurzen Verweildauer des amerikanischen Höhenaufklärers in der Reichweite der Raketen der S-75 »Dwina« hatten sie daher eigenständig die Feuererlaubnis erteilt.

Chruschtschow teilte den Präsidiumsmitgliedern des ZK mit, jetzt bestehe die Gefahr eines Krieges und somit einer nuklearen Katastrophe. Um die Welt zu retten, müssten die sowjetischen Raketen aus Kuba zurückgezogen werden. Das Ziel, eine amerikanische Invasion auf Kuba zu verhindern, sei erreicht. Die beschwörende Rede des Parteichefs verfehlte nicht ihre Wirkung. Hinzu kam das inzwischen eingetroffene Telegramm Botschafter Dobrynins mit dem amerikanischen Angebot, die »Jupiter«-Raketen aus der Türkei abzuziehen. Diese Nachricht erleichterte dem Präsidium des ZK die Zustimmung zu Chruschtschows Vorschlag. Sogleich ließ Chruschtschow seine Zusage zum Angebot des amerikanischen Präsidenten an die sowjetische Botschaft in Washington telegraphieren.

Die für den folgenden Tag angekündigte öffentliche Rede des Präsidenten setzte Chruschtschow unter Zeitdruck, denn es galt, einer eventuellen Ankündigung Kennedys zu einer militärischen Aktion der USA gegen Kuba zuvorzukommen. Die Zustellung seines Schreibens an Kennedy konnte in dieser gefährlichen Situation zu lange dauern. Deshalb ließ er seine generelle Zustimmung zum Vorschlag des US-Präsidenten über Radio Moskau verbreiten und vorsichtshalber zweimal wiederholen. In seinem Telegramm an Kennedy erklärte Chruschtschow sich bereit, die offensiven Waffen aus Kuba abzuziehen, wenn die USA ihrerseits die gleichen Waffen aus der Türkei zurückzögen. Zudem betonte die Sowjetunion feierlich die Unverletzbarkeit der türkischen Grenzen und ihren Respekt vor der türkischen Souveränität. Von den USA erwartete sie eine entsprechende Erklärung zu Kuba. Das Telegramm bestätigte die über Radio Moskau angekündigte und somit endlich Kennedy mitgeteilte Handlungsbereitschaft der Sowjetunion.

In einem weiteren Schreiben an Kennedy zeigte Chruschtschow Verständnis dafür, dass dieser die Abmachung über den Abzug der »Jupiter«-Raketen nicht öffentlich machen wollte. Er sei davon überzeugt, dass Kennedy das geheime Versprechen zum Abbau der Raketen in der Türkei einhalten werde. Als Botschafter Dobrynin dieses Schreiben Robert Kennedy übergeben wollte, verweigerte dieser allerdings die Annahme. Er wies den Botschafter darauf hin, dass ein Bekanntwerden der geheimen Abmachung in der Presse den Präsidenten zur Rücknahme des Versprechens zwingen würde. Selbst seine eigene politische Karriere, so fügte er noch hinzu, könne ein solches Schriftstück gefährden. Die amerikanische Zusage zum Abzug der »Jupiter«-Raketen aus der Türkei dürfe nicht schriftlich festgehalten werden.

Ein drittes Schreiben Chruschtschows ging an die Adresse des zum Stillhalten gezwungenen Castro, denn die Verhandlungen zwischen den beiden Großmächten waren über dessen Kopf hinweg geführt worden. Deshalb erfuhr er erst durch eine Meldung der Nachrichtenagentur Associated Press von der sowjetischen Entscheidung zum Abzug der Nuklearraketen. Mit deutlichen Worten ließ Chruschtschow Castro in seinem Schreiben wissen, dass er von ihm eine unmissverständliche Zustimmung zur Rückführung der Raketen sowie zu einer eventuell geforderten internationalen Kontrolle ihres Abzugs auf der Insel erwarte. Außerdem forderte Chruschtschow Castro ausdrücklich auf, von jeglichen Provokationen abzusehen. Armeegeneral Plijew hatte aus Moskau bereits den Befehl erhalten, das Luftabwehrsystem S-75 »Dwina« abzuschalten und ein generelles Flugverbot für sowjetische Maschinen zu verhängen. Sicherstellen aber sollte der Armeegeneral vor allem, dass sich kein Unbefugter den Raketen näherte. Diese dürften in keinem Fall abgefeuert werden, vielmehr müsse unverzüglich mit ihrem Abbau begonnen werden. Der Balanceakt war zu Ende, die Welt konnte aufatmen.

Der Bundesnachrichtendienst (BND) und Kuba

Der Aufklärungsflug einer U-2 am 15. Oktober 1962 führte in Washington zur Entdeckung der Stationierung sowjetischer Mittelstreckenraketen auf Kuba. Es könnte allerdings sein, dass der BND diese Stationierung bereits vorher aufspürte. Das behauptete jedenfalls der Stellvertretende Ministerpräsident der Sowjetunion, Anastas Mikojan, in einem inzwischen veröffentlichten Gespräch, das er im November 1962 in Havanna mit Fidel Castro führte. Tatsächlich sammelte der BND im Rahmen seines Auftrags zur Aufklärung kommunistischer Aktivitäten in der Welt seit 1959 Informationen zur politischen Entwicklung in Kuba. Diese gewann er, wie eine eigene Studie des BND zur Geschichte der Kubakrise zeigt, aus Quellen in Kuba und

Florida. Reinhard Gehlen, der erste Präsident des BND, interessierte sich persönlich für die Vorgänge in Kuba. Er hielt die karibische Insel für einen gefährlichen Ausgangspunkt zur kommunistischen Unterwanderung Lateinamerikas.

Schon vorher hatte der BND die US-Vorbereitungen für eine Anlandung von Exilkubanern in der Schweinebucht erkannt. Am 7. April 1961 stellte er fest, dass eine »militärische Operation großen Stils zur Niederwerfung« Castros bevorstehe. Das Vorhaben würden »ausschließlich die USA ausarbeiten, vorbereiten und leiten«. Das Scheitern der Operation nach dem 17. April bewertete ein »Meinungsbild« des BND als amerikanische Niederlage. Diese sei auf »mangelhafte Planung, Beratung und fehlende Unterstützung« zurückzuführen. Ab Mitte des Jahres bestimmten die Lieferungen militärischen Materials aus der Sowjetunion die Meldungen des BND. Die Anfang 1962 eintreffenden sowjetischen Techniker zum Aufbau der Küstenverteidigung sowie der Aufbau von Raketenstellungen für ein Luftabwehrsystem blieben ebenfalls nicht unbemerkt.

Zunächst galten die aus der Sowjetunion gelieferten Waffen als defensiv, doch seit Mitte Juni 1962 änderte der BND seine Einschätzung. Seine Quellen sprachen von im Bau befindlichen Stellungen für sowjetische Offensivraketen. Gehlen trug der Bundesregierung am 20. August vor, dass solche Raketen vor der amerikanischen Küste zu den gefährlichsten militärischen Bedrohungen der USA zählten. Aus seiner Sicht dürfe Kennedy nicht warten, bis diese einsatzbereit seien. Der amerikanische Präsident müsse diese Gefahr in den kommenden Wochen ausschalten. Bei einem amerikanischen Angriff auf Kuba müsse mit einem sowjetischen Übergriff in Berlin gerechnet werden. Gehlen hielt eine Zuspitzung der politischen Weltlage in nächster Zeit für möglich. Sie könne »an den Rand einer bewaffneten Auseinandersetzung um Berlin und Kuba führen«. Berichte aus Kuba erfassten weiterhin das Eintreffen sowjetischer Schiffe mit militärischer Ausrüstung und Personal. Ende August erfolgte die Meldung, dass die Raketen-Abschussbasen bis Ende November einsatzbereit sein würden. Aus der Rückschau ist, ohne Einsicht in die Quellen, allerdings nicht erkennbar, ob es sich bei den gemeldeten Raketen wirklich um die nuklearen Mittelstreckenraketen oder um die Raketen für das Luftabwehrsystem S-75 »Dwina« handelte. Der Ende September erstellte Bericht »Die militärische Lage in Kuba« erwähnte jedenfalls 12 Abschussbasen für Luftabwehrraketen.

Eindeutig hingegen meldete der BND das Vorhandensein von 12 Abschussrampen für Mittelstreckenraketen am 23. Oktober 1962. Dabei wurde zwischen den Stellungen für Raketen mit einer Reichweite von etwa 1 100 Meilen und Stellungen für Interkontinentalraketen mit einer Reichweite von 2 200 Meilen unterschieden. Auch über die interne Diskussion in der obersten amerikanischen Führung zeigte sich der deutsche Geheimdienst gut unterrichtet. Das Ringen um die Entscheidung Kennedys für die Quarantäne fand ihren Niederschlag in den Berichten ebenso wie die Reaktion der Regierungen in London und Paris. Nicht einmal die anfängliche Weigerung Castros zur Rückgabe der taktischen Nuklearwaffen und der leichten Bomber vom Typ IL-28 an die Sowjetunion blieben verborgen. Nach der Einigung zwischen den USA und der Sowjetunion am 28. Oktober berichteten BND-Mitarbeiter aus den amerikanischen Stäben in der Türkei. Dort werde davon ausgegangen, dass es, entsprechend des Vorschlags von Chruschtschow, zu einer Auflösung der Stützpunkte der »Jupiter«-Raketen kommen werde. Der BND kam nach der Kubakrise zu dem abschließenden Urteil, dass die USA zwar ihr militärisches Ziel erreicht hätten, die von Kuba ausgehende politische Gefahr jedoch weiterhin bestehe. Die Entscheidungen der Sowjetunion lägen ausschließlich in Chruschtschows Händen. Dieser scheue allerdings ebenso wie der Westen das Risiko eines atomaren Weltkrieges.

Noch kann nicht nachgewiesen werden, auf welcher Grundlage Mikojans eingangs angeführte Einschätzung der Aufklärungsarbeit des BND gegenüber Castro beruhte. Dennoch lässt sich die eigene Einschätzung des deutschen Geheimdiensts bestätigen, dass die Kubakrise von ihm systematisch aufgeklärt und überwacht worden ist.

➚ Luftaufnahmen belegen den Abzug der sowjetischen Raketen von Kuba. Sie dienten als Ersatz für die eigentlich von den USA erwünschte Überwachung des Abzugs dieser Waffen in Kuba selbst. Gegen einen aus seiner Sicht die Souveränität seines Landes verletzenden Einsatz von ausländischen Kontrolleuren hatte Castro sich erfolgreich gewehrt.

7 Nachlese

Bei den Oberbefehlshabern der amerikanischen Teilstreitkräfte herrschte nach dem 28. Oktober keineswegs die gleiche Jubelstimmung wie im ExComm. Dessen Mitglieder bemühten sich künftig, Kennedy und nicht zuletzt sich selbst in der Öffentlichkeit als Sieger der Krise zu preisen. Die militärische Führung der USA vermutete hinter Chruschtschows Zugeständnis lediglich ein Ablenkungsmanöver. Die Generale gingen vielmehr davon aus, dass die Raketen aus Kuba gar nicht abgezogen werden würden, und hielten einen Luftangriff und eine folgende Invasion weiterhin für unumgänglich. General Taylor teilte die Meinung seiner Kameraden im JCS allerdings nicht. Er schlug dem Präsidenten lediglich weitere Aufklärungsflüge vor, um den Abzug der Raketen zu überwachen. Die Pläne zu einem militärischen Einsatz gegen Kuba wurden vorläufig allerdings noch nicht zu den Akten gelegt.

In seiner Antwort auf das Schreiben Chruschtschows an ihn bedauerte Castro den überraschenden und aus seiner Sicht bedingungslosen

Abzug der Raketen. Er betrachte das sowjetische Einlenken als eine Kapitulation. Eine internationale Überwachung des Raketenabzugs lehnte Castro schlichtweg ab. Dass internationale oder gar US-amerikanische Kontrolleure seine Insel betraten, kam für ihn nicht in Frage. Chruschtschow sah sich genötigt, den Stellvertretenden Ministerpräsidenten Mikojan für drei Wochen nach Kuba zu entsenden, um Castro im Zaum zu halten. Diese Aufgabe erforderte angesichts von Castros Temperament viel diplomatisches Geschick. Da Chruschtschow diesem Auftrag große Bedeutung zumaß, kehrte Mikojan nicht einmal zur Beerdigung seiner kurz nach seiner Ankunft in Havanna verstorbenen Ehefrau nach Moskau zurück.

Tatsächlich sorgten sich Chruschtschow und Mikojan vor allem um die taktischen sowjetischen Nuklearwaffen auf Kuba. Ein Verbleib dieser Waffen auf der Insel konnte, falls die USA sie entdeckten, die bisher getroffenen Abmachungen zunichtemachen. Zu allem Überfluss hatte Armeegeneral Plijew vor längerer Zeit damit begonnen, kubanische Soldaten in deren Handhabung unterweisen zu lassen. Diese Ausbildung war allerdings inzwischen abgebrochen worden. Mikojan machte Castro eindeutig klar, dass auch die taktischen Nuklearwaffen in sowjetischen Händen verbleiben und ebenfalls von der Insel abgezogen würden.

Am 12. November 1962 wurden die erhöhten Alarmstufen für die amerikanischen Streitkräfte einschließlich der Nuklearbomber des SAC wieder heruntergefahren. Strittig blieb noch der von den USA geforderte Abzug der IL-28-Bomber, denn Castro wollte diese Maschinen unbedingt behalten. Doch die Sowjetunion entschloss sich auch zu deren Rücknahme, nachdem die USA auf eine Überwachung des Abzugs der Raketen vor Ort verzichtet hatten. Allerdings konnten die USA das Ausbleiben internationaler oder amerikanischer Kontrollen auf der Insel leicht durch Aufklärungsflüge kompensieren. Die im Rahmen von »Blue Moon« im Tiefflug durchgeführten Aufklärungsflüge wurden zwar am 15. November eingestellt, die Überflüge der U-2 hingegen – noch viele Jahre – fortgesetzt. Castro gab nach Drängen Mikojans am 19. November sein Einverständnis auch zum Abzug der IL-28-Bomber. Neben dem Abzug der MRBM gelang es der Sowjetunion, die taktischen Nuklearwaffen völlig unbemerkt zu entfernen. Dass eine sowjetische Kampfbrigade von 3000 Mann auf der Insel verblieb, kam erst viel später, Ende der 1970er Jahre, ans Licht.

Am 20. November verkündete Kennedy der amerikanischen und der Weltöffentlichkeit den Abzug der sowjetischen MRBM aus Kuba, hob die Quarantäne auf und holte die dafür eingesetzten amerikanischen Seestreitkräfte zurück. Der Öffentlichkeit schien es, als sei dies alles nur der festen und unbeirrbaren Haltung des Präsidenten gegenüber der Sowjetunion zu verdanken. Erleichtert wurde die Kontrolle des Raketenabzugs für die USA durch ein weiteres sowjetisches Entgegenkommen. Die auf den Oberdecks der Schiffe verladenen Raketen blieben sowohl in den kubanischen Häfen als auch auf den ersten Seemeilen im Atlantik zunächst ohne Abdeckung. Das gab den amerikanischen Aufklärern genügend Zeit, um sie in Ruhe von allen Seiten zu fotografieren.

Mikojan besuchte auf seinem Rückweg nach Moskau am 29. November den amerikanischen Präsidenten in Washington. Auch er erklärte Kennedy, die MRBM – die ICBM vom Typ R-15 erwähnte er nicht – seien von der Sowjetunion lediglich zur Verteidigung auf die Insel gebracht worden. Das vermochte den Präsidenten zwar nicht zu überzeugen, jedoch versicherte dieser ihm, die USA würden Kuba nicht angreifen. Cas-

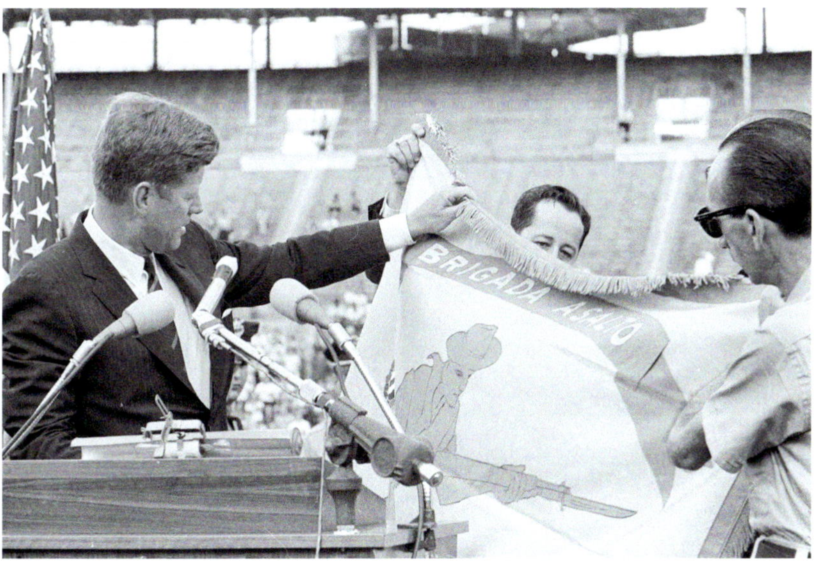

Von Castro entlassene Gefangene der fehlgeschlagenen Anlandung in der »Schweinebucht« der *Brigada Asalto 2506* überreichten Kennedy am 29. Dezember 1962 in Miami ihre Brigadefahne.

tro hingegen, teilte Kennedy Mikojan ganz unverblümt mit, bleibe auch weiterhin ein Feind der USA. Gleichwohl schloss der US-Unterhändler Donovan im Dezember 1962 mit Castro einen Vertrag über die Entlassung der 1113 in der »Schweinebucht« in Gefangenschaft geratenen Exilkubaner. Kuba erhielt für ihre Freilassung Lebensmittel- und Medizinlieferungen im Wert von über 50 Millionen Dollar. Am 29. Dezember 1962 übergaben die zurückgekehrten Brigademitglieder im Orange-Bowl-Footballstadion in Miami dem Präsidenten feierlich die Flagge der *Brigada Asalto 2506*. Kennedy rief vor einer Kulisse von 40 000 jubelnden Exilkubanern, er hoffe, dass die Flagge eines Tages über einem freien Havanna wehen werde. Nach ihm richtete Jacqueline Kennedy in fließendem Spanisch noch ein Grußwort an die Heimgekehrten und deren Familien. Das Stadion tobte und rief: »Krieg, Krieg, Krieg«. Doch an einem Krieg gegen Kuba waren die USA nach glücklich überstandener Krise nicht interessiert.

Das Castro-Regime durch Eindämmung, Zersetzung, Diskreditierung und Isolierung zu stürzen, blieb auch weiterhin das politische Ziel der USA. Die durch die Kubakrise unterbrochenen subversiven Aktionen wurden auf Wunsch des Präsidenten wieder aufgenommen und maßgeblich von Robert Kennedy vorangetrieben. Sabotageaktionen wie die Sprengung von Eisenbahnbrücken, Petroleumlagern, Elektrizitätswerken und Ölraffinerien fanden ebenso ihre Fortsetzung wie die erfolglosen Mordanschläge auf Castro.

↗ **Die Kubakrise brachte die Supermächte an den Rand einer atomaren Katastrophe. Karikatur aus der britischen Boulevardzeitung *Daily Mail*, 1962.**

8 Kubakrise und Kalter Krieg

Spätestens nach dem Abschuss der U-2 über Kuba am 27. Oktober 1962 erkannten Chruschtschow und Kennedy, wie nahe sie am Rand eines vernichtenden Nuklearkrieges standen, den sie beide eigentlich verhindern wollten. Hatten bis dahin gegenseitige Anschuldigungen, Unterstellungen, Vorwürfe und Verdächtigungen das Verhältnis der beiden Großmächte zueinander geprägt, so trat nach Beendigung der Kubakrise im Kalten Krieg zunächst eine Pause ein.

Im April 1963 erfolgte der von Kennedy versprochene Abzug der »Jupiter«-Raketen aus der Türkei und aus Italien. Die veralteten Raketen wurden sogleich verschrottet, und ihre nuklearen Sprengköpfe gingen zurück in die USA. Die Aufgabe der abgezogenen »Jupiter«-Raketen übernahmen allerdings nahtlos die im Mittelmeer befindlichen amerikanischen U-Boote mit »Polaris«-Raketen, die eine größere Reichweite besaßen. Insoweit änderte sich die strategische Lage durch den Abzug der »Jupiter«-Raketen keineswegs.

Chruschtschow hätte den Abzug gewiss propagandistisch nutzen können, doch er verzichtete darauf, weil er die Kennedy zugesagte Verschwiegenheit nicht brechen wollte. Die Brüder Kennedy sowie die wenigen Mitarbeiter, die von dieser Abmachung wussten, schwiegen ebenfalls. Die Minister McNamara und Rusk erklärten vor einem Komitee des Kongresses sogar, eine solche Abmachung habe es zwischen den USA und der Sowjetunion nicht gegeben. Erst Ende der 1980er Jahre gab Kennedys ehemaliger Rechtsberater im Weißen Haus, Ted Sorensen, zu, dass diese Abmachung tatsächlich getroffen worden war. Sie sei absichtlich sowohl der amerikanischen Öffentlichkeit als auch den Bündnispartnern verschwiegen worden.

Die Ereignisse der Kubakrise hatten die latente Sorge Kennedys noch verstärkt, dass durch Fehleinschätzung oder Zufall ein Nuklearkrieg ausgelöst werden könnte. Am 6. Juli 1963 unterschrieb er daher eine Anweisung, den *Permissive action link* (PAL) auf alle in den USA stationierten Nuklearwaffen auszudehnen. Künftig ersetzte diese Vorrichtung mit einem geheimen Code die bisherige einfache Sicherung der Waffen durch mechanische Schlösser. PAL verhinderte ebenfalls, dass nukleare Waffen durch äußere Einwirkung wie Blitzeinschläge, Explosionen, Feuer, Flugzeugabstürze oder gar durch Missbrauch gezündet werden konnten.

Auf Wunsch von Chruschtschow und Kennedy wurden die abgebrochenen Gespräche über eine Beendigung der Atomtests wieder aufgenommen. Durch die Explosionen bei den zahlreichen Kernwaffenversuchen hatte sich inzwischen die Radioaktivität in der Erdatmosphäre verdoppelt. Die sich daraus ergebenden Gesundheitsbeeinträchtigungen der Bevölkerung zu verringern, lag daher nicht allein im Interesse der Atommächte. Vor allem aber konnte ein solches Abkommen auch ein erster Schritt in Richtung einer nuklearen Abrüstung werden. Am 5. August 1963 unterzeichneten Großbritannien, die Sowjetunion und die USA in Moskau ein »Verbot von Kernwaffenversuchen in der Atmosphäre, im Weltraum und unter Wasser«. Es trat am 10. Oktober 1963 in Kraft. Die neue Atommacht Frankreich schloss sich dem Abkommen allerdings nicht an.

Die Kommunikation zwischen Moskau und Washington war während der Krise nicht nur durch die Zeitdifferenz von sieben Stunden erschwert worden. Mitteilungen mussten zudem stets über die telegraphischen Verbindungen in den diplomatischen Vertretungen in Moskau oder Washington auf den Weg gebracht werden. Sie wurden sodann in den Botschaften entschlüsselt und übersetzt, was weitere Zeit kostete. Erst danach konnten die Schreiben den Adressaten in den beiden Hauptstädten zugestellt werden. Im Fall einer Krise, so hatte sich im Oktober deutlich gezeigt, konnten solche Verzögerungen höchst gefährlich werden. Am 20. August 1963 schlossen die USA und die Sowjetunion daher in Genf ein Abkommen über die Einrichtung einer direkten Fernschreibverbindung zwischen dem Weißen Haus und dem Kreml. Diese Direktverbindung, ein sogenannter »heißer Draht«, könne, so hofften Kennedy und Chruschtschow, die Gefahr verringern, einen nuklearen Krieg durch Zufall oder Missverständnisse auszulösen.

Berlinkrise und Kubakrise hatten gezeigt, dass die Strategie der *massive retaliation* einer Veränderung bedurfte. Der Militärausschuss des NATO-Bündnisses hatte deshalb mit der Ausarbeitung einer neuen Strategie begonnen, welche dessen Verteidigung für die kommenden zehn

Kommunikationsspezialisten der US Army richteten im Pentagon Ende August 1963 eine direkte Fernschreibverbindung mit dem Kreml ein. Verzögerungen der Kommunikation wie während der Krise sollten auf diese Weise künftig verhindert werden.

Jahre sichern sollte. Der Entwurf sah drei mögliche Etappen vor: Zunächst sollte eine sowjetische Aggression mit konventionellen Kräften abgefangen werden. Zweitens war unter Umständen bei einem solchen Zusammenstoß ein schneller Übergang zu einem Schlagabtausch mit taktischen Nuklearwaffen denkbar. Erst an dritter Stelle stand ein gradueller strategischer Nukleareinsatz. Anfang November 1963 waren die Bündnispartner bereit, die neue Konzeption zu unterschreiben. Doch Frankreichs Präsident Charles de Gaulle hielt nichts von dieser stufenweisen Abschreckung. Er wünschte weiterhin den Einsatz amerikanischer Nuklearwaffen gegen die Sowjetunion statt einer konventionellen Abwehr eines sowjetischen Angriffs. Die Konzeption scheiterte daher am französischen Veto, und es sollte noch weitere vier Jahre dauern, bis sich die NATO auf eine Strategie der *flexible response* einigen konnte.

Am 22. November 1963 rissen zwei Schüsse in Dallas Präsident Kennedy aus dem Leben. Die ein Jahr zuvor nach der Kubakrise begonnene ›Pause‹ des Kalten Krieges fand mit diesem bis heute unaufgeklärten Mord ein jähes Ende. Chruschtschow wurde am 14. Oktober des folgenden Jahres in Moskau als Regierungschef und Erster Sekretär der KPdSU abgelöst.

In der Rückschau lässt sich erkennen, dass die Kubakrise am 27. Oktober 1962 mit dem Abschuss der U-2 ihren Höhepunkt erreicht hatte. Der Tod des Piloten Major Rudolf Anderson Jr. machte sowohl Chruschtschow als auch Kennedy deutlich, dass es allerhöchste Zeit war, einzulenken und den Balanceakt zu beenden. Aus dem friedlichen Ende der Kubakrise ging kein Einzelner, sondern die ganze Welt als Gewinner hervor, weil ihr ein Nuklearkrieg erspart blieb. Kein zweites Mal in der Geschichte des Kalten Krieges stand die Welt so nah am atomaren Abgrund wie in jenen Herbstwochen 1962.

Anhang

Zeittafel

1953

3. Januar	John F. Kennedy wird Senator
14. März	Nikita Chruschtschow wird Erster Parteisekretär der KPdSU
26. Juli	Fidel Castros Angriff auf die Diktatur Fulgencio Batistas scheitert

1955

18. April	Beginn der Bandung-Konferenz unabhängiger Staaten
15. Mai	Castro wird aus der Haft entlassen
7. Juli	Castro geht ins Exil nach Mexiko
18. Juli	Beginn der Genfer Gipfelkonferenz
8. September	Beginn der Genfer Außenministerkonferenz

1956

24. Februar	Beginn des XX. Parteitages der KPdSU in Moskau
29. Juni	Niederschlagung des Arbeiteraufstands in Poznań durch die Polnische Volksarmee
26. Juli	Ägyptens Staatspräsident Gamal Abdel Nasser verstaatlicht den Suezkanal
29. Oktober	Beginn der Suezkrise
6. November	Ende der Suezkrise
10. November	Niederschlagung des Volksaufstands in Ungarn durch sowjetische Streitkräfte
2. Dezember	Castro landet mit 78 Mann auf Kuba und beginnt einen Guerillakampf

1957

6. April	Die NATO verabschiedet die Strategie der *massive retaliation*
21. August	Die Sowjetunion startet ihre erste Interkontinentalrakete
4. Oktober	Die Sowjetunion sendet den Satelliten »Sputnik 1« in eine Erdumlaufbahn

1958

16. Juni	Hinrichtung des früheren ungarischen Ministerpräsidenten Imre Nagy
27. November	Berlin-Ultimatum Chruschtschows

1959

1. Januar	Kubas Diktator Batista flieht ins Ausland
8. Januar	Castro zieht siegreich in Havanna ein
10. Januar	Chruschtschow schlägt einen Friedensvertrag für Deutschland vor
16. Februar	Castro übernimmt das Amt des kubanischen Ministerpräsidenten
15. April	Castro besucht die USA
17. Mai	Castro enteignet US-amerikanische Großgrundbesitzer
15. September	Chruschtschow beginnt seinen ersten USA-Besuch

1960

4. Februar	Anastas Mikojan reist zum Abschluss eines Handelsabkommens nach Kuba
1. Mai	Abschuss einer U-2 über der Sowjetunion

17. Mai	Scheitern des Treffens von Präsident Dwight Eisenhower mit Chruschtschow in Paris
17. Mai	Die CIA legt Eisenhower einen Plan zur Anlandung von Exilkubanern in Kuba vor
8. November	Kennedy gewinnt die Präsidentschaftswahl

1961

3. Januar	Präsident Eisenhower bricht die diplomatischen Beziehungen zu Kuba ab
20. Januar	Kennedy leistet den Amtseid als 35. Präsident der USA
15. April	Castro verkündet die Einführung des Sozialismus auf Kuba
17. April	Beginn der Anlandung in der »Schweinebucht«
19. April	Scheitern der Anlandung
3. Juni	Chruschtschow trifft Kennedy in Wien
25. Juli	Kennedy formuliert *three essentials* für seine Berlinpolitik
13. August	Beginn des Mauerbaus zwischen Ost- und Westberlin
4. November	Kennedy genehmigt die Operation »Mongoose« gegen Kuba

1962

7. Februar	Die USA verhängen ein Handelsembargo gegen Kuba
10. Juni	Das Präsidium der KPdSU genehmigt die Stationierung von MRBM auf Kuba
9. September	Die ersten Teile der MRBM erreichen Kuba
15. Oktober	Die Entdeckung sowjetischer MRBM auf Kuba durch die USA löst die Kubakrise aus
24. Oktober	Beginn der Quarantäne um Kuba durch die US Navy
27. Oktober	Abschuss einer U-2 über Kuba mit Tod des Piloten Rudolf Anderson Jr.

28. Oktober	Einigung zwischen Chruschtschow und Kennedy beendet die Kubakrise
5. November	Der Abzug der sowjetischen MRBM beginnt
20. November	Die US Navy hebt die Quarantäne um Kuba auf

1963

April	Abzug der »Jupiter«-Raketen aus der Türkei
5. August	Abkommen zum Verbot von Kernwaffenversuchen
20. August	Einrichtung einer Fernschreibverbindung Weißes Haus–Kreml
22. November	Ermordung Kennedys in Dallas

1964

14. Oktober	Die Führung der KPdSU setzt Chruschtschow ab

1971

11. September	Tod Chruschtschows

2016

25. November	Tod Castros

Abkürzungen

ADC Air Defense Command
AWS Anti-Submarine Warfare Unit

BND Bundesnachrichtendienst

CIA Central Intelligence Agency
CND Campaign for Nuclear Disarmament
CNO Chief of Naval Operations
CSA Cuba Study Group

DEFCON Defense Condition

ExComm Executive Committee of the National Security Council

FLN Nationale Befreiungsfront Algeriens

GMT Greenwich Mean Time

ICBM Intercontinental Ballistic Missile
IRBM Intermediate Range Ballistic Missile

JCS Joint Chiefs of Staff

KPdSU Kommunistische Partei der Sowjetunion

MC Military Committee der NATO
MDP Partei der Ungarischen Werktätigen
MRBM Medium Range Ballistic Missile

NPIC National Photographic Intelligence Center
NSC National Security Council

OAS Organization for American States

PAL Permissive Action Link

PSP	Volkssozialistische Partei Kubas
PVAP	Polnische Vereinigte Arbeiterpartei
ROTC	Reserve Officer Training Corps
SAC	Strategic Air Command
SG	Special Group
SGA	Special Group Augmented
TAC	Tactical Air Command
UdSSR	Union der Sozialistischen Sowjetrepubliken
UN	United Nations
UNEF	United Nations Emergency Force
USA	United States of America
USIA	United States Information Agency
ZK	Zentralkomitee

Literaturhinweise

Absher, Kenneth M.: Mind-Sets and Missiles: A First Hand Account of the Cuban Missile Crisis. Carlisle 2009.

Barrett, David M. / Holland, Max: Blind over Cuba: The Photo Gap and the Missile Crisis. College Station 2012.

Biermann, Harald: John F. Kennedy und der Kalte Krieg. Die Außenpolitik der USA und die Grenzen der Glaubwürdigkeit. Paderborn 1997.

Bohning, Don: The Castro Obsession: U.S. Covert Operations Against Cuba, 1959–1965. Washington 2005.

Brugioni, Dino A.: Eyes in the Sky. Eisenhower, the CIA and Cold War Aerial Espionage. Annapolis 2010.

Bundesnachrichtendienst / Hechlhammer, Bodo V. (Hrsg.): Der Bundesnachrichtendienst und die Kuba-Krise. Dokumente aus den Akten des BND. 2., aktual. Aufl. Berlin 2015. (Mitteilungen der Forschungs- und Arbeitsgruppe »Geschichte des BND«. 3.)

CIA Inspector General: Memorandum for the Record. Subject: Report on Plots to Assassinate Fidel Castro. 23. May 1967. https://www.fordlibrarymuseum.gov/library/document/0005/7324009.pdf

Dobbs, Michael: One Minute to Midnight. Kennedy, Khrushchev, and Castro on the Brink of Nuclear War. New York 2008.

Ecker, William B. / Jack, Kenneth V.: Blue Moon over Cuba. Aerial Reconnaissance during the Cuban Missile Crisis. Oxford 2012.

Filippovyh, Dimitrij N. / Uhl, Matthias (Hrsg.): Vor dem Abgrund. Die Streitkräfte der USA und der UdSSR sowie ihrer deutschen Bündnispartner in der Kubakrise. München 2005.

Foreign Relations of the United States. 1961–1963. Vol. X. Cuba, January 1961 – September 1962. Washington 1997.

Fursenko, Aleksandr / Naftali, Timothy: »One Hell of a Gamble«. Khrushchev, Castro, and Kennedy, 1958–1964. New York / London 1998.

Greiner, Bernd / Müller, Christian Th. / Walter, Dierk (Hrsg.): Angst im Kalten Krieg. Hamburg 2009. (Studien zum Kalten Krieg. 3.)

Hershberg, James G.: New Russian Evidence on Soviet-Cuban Relations, 1960–61. When Nikita Met Fidel, the Bay of Pigs, and Assassination Plotting. Cold War International History Project. Woodrow Wilson International Center for Scholars. Washington 2019.

Jones, Howard: The Bay of Pigs. Oxford 2008.

Kornbluth, Peter (Ed.): Bay of Pigs Declassified: The Secret CIA Reports on the Invasion of Cuba. New York 1998.

May, Ernest R. / Zelikow, Philip D.: The Kennedy Tapes: Inside the White House during the Cuban Missile Crisis. Cambridge 2002.

McIlmoyle, Gerald E. / Rios Bromley, Linda: Remembering the Dragon Lady. Memoirs of the Men Who Experienced the Legend of the U-2 Spy Plane. Solihull, England 2011.

Munton, Don / Welch, David A.: The Cuban Missile Crisis: A Concise History. New York 2006.

Plokhii, Serhii: Nuclear Folly. A New History of the Cuban Missile Crisis. London 2021.

Polmar, Morgan / Gresham, John D.: DEFCON-2: Standing on the Brink of Nuclear War during the Cuban Missile Crisis. Hoboken 2006.

Sherwin, Martin J.: Gambling with Armageddon. Nuclear Roulette from Hiroshima to the Cuban Missile Crisis. New York 2020.

Steinhoff, Johannes / Pommerin, Reiner: Strategiewechsel. Bundesrepublik und Nuklearstrategie in der Ära Adenauer-Kennedy. Baden-Baden 1992. (Internationale Politik und Sicherheit. 30. Nuclear History Program. 1.)

Trest, Warren / Dodd, Donald: Wings of Denial: The Alabama Air National Guard's Covert Role at the Bay of Pigs. Montgomery 2001.

Westad, Odd Arne: Der Kalte Krieg. Eine Weltgeschichte. Stuttgart 2019.

Abbildungsnachweis

akg-images: 28, 31 NTB scanpix / NTB, 32 TT News Agency / SVT, 66 AP, 74 Imagno, 76 SNA, 79 UIG / Underwood, 90 Pictures From History, 101 Science Photo Library, 110/111 SNA, 121, 126/127, 139 AP
Getty images: 57 Corbis Historical, 83 Popperfoto, 132/133 Gamma-Keystone
imago images: 13 StockTrek Images, 24 Everett Collection, 34 ZUMA / Keystone, 125 Arkivi, 128/129 Everett Collection
Picture alliance: 7 dpa / US Air Force, 15 dpa, 37 AP Images / Uncredited, 43 AP Images / Uncredited, 44 Photoshot / –, 50 AP Photo / Anonymous, 61 Mary Evans Picture Library / –, 64 dpa / Miguel Vinas, 73 Everett Collection / –, 80 AP Photo / Uncredited, 95 AP Images / Ed Johnson, 96 dpa / DB, 102 dpa / Cecil Stoughton / White House / Hand, 103 dpa / William Curtis, 104 United Archives / TopFoto, 112 Robert Knudsen / Consolidated News Photos / Robert Knudsen – White House via CNP / Robert Knudsen, 116/117 akg-images, 120 United Archives / TopFoto, 141 ASSOCIATED PRESS / –, 145 dpa / UPI
Süddeutsche Zeitung Photo: 8 United Archives / TopFoto, 16/17 Alfred Strobel, 19 Science Museum / SSPL, 21 National Media Museum / SSPL, 26, 38 UPI, 47 UPI, 48 United Archives / TopFoto, 53 IMAGNO / Votava, 55 UPI, 59 UPI, 69 ap / dpa / picture alliance, 71 ap / dpa / picture alliance, 84/85 Amerika Haus, 114 ap / dpa / picture alliance, 143
ZMSBW: 39, 49

Personenregister